自分のあたりまえを切り崩す文化人類学入門

箕曲在弘
早稲田大学文学学術院教授

大和書房

私があたりまえと
思っていることって、
本当にあたりまえ
なのかな？

このなかで、あなたが「そう思う」のはどれですか？

家族には
血のつながりが
大切（→第2話）

日本人なら無宗教である
ほうが自然（→第6話）

靴のまま家に
入るのは汚い
（→第4話）

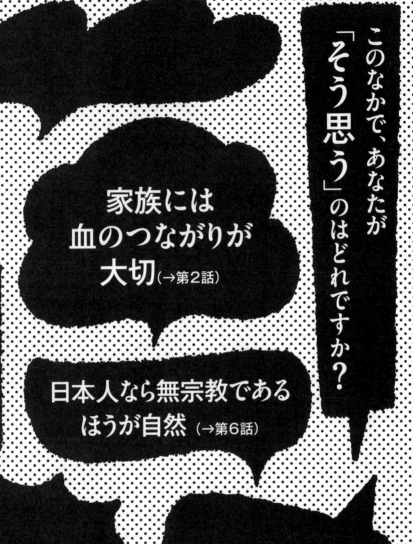

18歳になれば〝一人前の大人〟といえる（→第5話）

〝日本人〟とは日本人から生まれた人のこと（→第8話）

非科学的なものは信じられない（→第7話）

プレゼントには当然お返しをすべき（→第3話）

同じ学校・会社の人には仲間意識をもつもの（→第1話）

はじめに

自分にとってのあたりまえが、じつはあたりまえではなかったことに気づく——きっと誰しも、こうした経験をしたことがあるでしょう。私にとってその原体験は、高校生のときにありました。高校生になるまでの私は、毎朝、学校に行き、放課後は部活の練習をして帰宅するという単調な繰り返しの日々をおくるどこにでもいる少年でした。中学生までそれなりに勉強ができていた私も、高校に入った途端、一部の科目の成績が悪くなり、勉強をあまりおもしろいと感じなくなっていました。

こうして悶々と暮らしているうちに、「なんで勉強しなきゃいけないんだろう？」から始まり、「この校則意味あるの？」という疑問が生まれ、その後「いずれ死ぬのになんでぼくは生きているんだろう？」という実存的な問いにまで展開していきました。あたりまえに過ごしていた日常が、少しゆらいだ瞬間でした。

思春期の少年少女が多かれ少なかれ誰しも感じるような世の中に対する不満や自分の将来に対する漠然とした不安を抱えた私は、友人の影響でこれまで手にすることのなかった哲学の入門書や、フィクションやノンフィクションの文芸作品を読んだり、授業をさぼって映画を観に行ったりするようになりました。どこか自由で、解放された時間を手に入れたわけです。

映画や本にたくさん接しているうちに、自分の今いる世界はなんと狭いのだろう、と感じるようになりました。あの映画に映っている世界に行ってみたい、あの本に描写されている場所に行ってみたい。こういう希望が湧いてきました。そうこうしているうちに、「何のために生きているのか」という実存的な問いはどこかに消えていました。「とにかく日本を出てみよう」、そう思うと心が躍り、やる気に満ちてきました。

本書は、こうして日本の外に出たことがきっかけで私が学ぶようになった「文化人類学」という学問のおもしろさを、はじめて学ぶ人たちに伝えるために書きました。文化人類学は、国語や英語、世界史や日本史といった高校までに学ぶ教科にはないものですから、大学に入ってはじめて耳にする分野かもしれません。最近では文化人類学に関する一般書がたくさん出ているので、どこかで目にした人はいるかもしれません。

しかし、政治学や経済学、社会学、心理学、哲学といった分野に比べて、文化人類学はまだ一般的に知られているわけではありません。

現に文化人類学を大学で教えていて、学生たちから「最初はどういう学問かまったくイメージがつかめませんでした」といった感想が寄せられることがありました。なかには「こんなおもしろい学問があるなんて知りませんでした」といった、うれしい感想を寄せてくれることもあります。こういった感想は、いかに文化人類学という学問が一般に知られていないかを物語っています。

私自身、長年文化人類学を学び、そして教えていて、これほどおもしろい学問なのになぜ一般的に知られていないのか、とふしぎに思うことがあります。文化人類学は、経済学のように数式が出てくるわけでもなく、哲学のように抽象的な話ばかりでもなく、比較的具体的な話が多いので、初学者にはあまり抵抗感はないはずです。

にもかかわらず、あまり知られていない原因は「文化人類学」という名前そのものにあるのかもしれません。

みなさんは「文化人類学」という名前を聞いただけで、何を学ぶのかがイメージできますでしょうか。経済学であれば「経済」、政治学であれば「政治」といった具合に、何となく学ぶ前から「こういうことを学ぶのかな」とイメージがわきます。しかし、「文化」も「人類」も広すぎて、何を学ぶのかが分かりません（じっさいに、異分野の同僚の先生にそう言われたことがあります）。

また、文化人類学が知られていないもうひとつの原因は、私たちの生活に直接結びつくものではないと思われているからかもしれません。

文化人類学はどこか遠い世界の奇妙な儀礼や慣習について学ぶ学問だと思われている節があります。実学志向が強まっている今日、就職に役立つ学問を学びたいという学生にとって、文化人類学を学んで何の役に立つのかと思われているのでしょう。

とはいえ、文化人類学の授業を受けた学生たちからは、「ものの見方が変わった」「あたりまえを見直す力がついた」といったように、学んでよかったという感想をたくさんもらいます。

文化人類学は、確かに異文化の儀礼や慣習についても学びます。しかし、もっとも重要なのは、こうした異文化に着目することにより、私たちがあたりまえだと思っていた考え方や価値基準について、それがあたりまえではないと気づくことにあります。

文化人類学は、私たちの生き方そのものを見つめ直すことにもつながります。そして、日常の生きづらさからの解放をもたらすことにもなります。文化人類学を学んでおくことは、人生の選択肢を広げることになると、私は信じています。

第4話

汚穢《けがれ》と禁忌

なぜ私たちは唾液を〝汚い！〟と感じるのか？　106

第5話

儀礼と境界

なぜ「就活」はあんなにつらいのか？　130

第6話

宗教と宗教心

第7話
呪術と科学

第0話
本編に入る前に

そもそも「文化」ってなんだろう？

私たちの身の回りには、さまざまな国にルーツをもつ人たちが住んでいます。そのような人たちと接するとき、容姿や話している言葉から、「文化の違い」を感じるかもしれません。

一方、テレビをつけると、私たちの想像を超えるような環境のなかに住む人たちの姿が映し出されることがあります。極寒の地域や熱帯の地域、森の中や海の上など、人間はじつにさまざまな環境のなかで生き抜くことができます。このような人びとを見ても、やはり「文化の違い」を意識するはずです。

では、そもそも「文化」とはなんでしょうか。あらためて問われると、うまく答えられない人も多いでしょう。ここでは文化人類学の観点から「文化」とは何かを考えてみます。

文化とは普段あまり意識していない行動パターンや意味づけ

みなさんは「文化」というと、文学や絵画、音楽、映画、マンガ・アニメといった創作物を思い浮かべるかもしれません。それも確かに文化ですが、**文化人類学が研究対象とするのは、このような目に見えるものの背後にある、普段あまり意識していない行動パターンや意味づけです。**

例を挙げてみましょう。みなさんは電車のなかに水着を着た人が入ってきたら、きっと驚くと思います。見て見ぬふりをしますが、気になって仕方がない、といった感覚になるでしょう。しかし、夏の海岸に水着を着ている人がいても、これと同じ感覚にはなりません。このように感じるということは、その場に応じた適切なふるまい方があるという証拠です。

私たちは知らないうちに、このような適切なふるまい方を学んでいます。誰かに教えられたわけでもないのに、私たちはどういうわけか何となくこの適切さをわきまえているのです。私たちは電車のなかや夏の海岸という場においてどうふるまうのが望ましいのか、何をしてはいけないのかという、いわば**暗黙のルール**のようなものを共有しているのです。

人びとは電車やバスといった交通機関を、私的空間とは異なるものとして意味づけていて、そのような公的空間ではどうふるまうのが適切なのかを知っています（このとき当事者たちが私的空間／公的空間という言葉を知らなくてもかまいません）。

しかし、イヌやネコといった動物は、私的空間と公的空間の違いを理解できないので、ネコが公的空間に入った途端に行動パターンが変わるなどということはありません。人間だけがこのような意味の違いを理解できます。人びとは、私的な場と公的な場では異なるふるまいが求められるということを幼少の頃に自然と学ぶからです。

むろんパターン化された行動というだけであれば、イヌでもネコでもさまざまな動物のなかに見いだすことができます。しかし、そこに何らかの意味づけが伴っていないので、このパターンは極めて単純です。一方、人間は言葉をもち意味を共有することができるので、行動パターンが複雑になります。

たとえば、ネコであれば仲間のネコが死んだとしても、死んだネコを埋葬するといったことはしません。しかし、人間は進化の過程で、ある時期から死者を埋葬するようになりました。これは死者を弔うという意味を人間が共有しているからこそ生まれた行動パターンです。

しかも、この埋葬という行動は地域ごとにさまざまな方法で行われています。土葬や火葬はよく知られていますが、チベット仏教の世界では鳥葬という弔い方があります。他にも一度埋葬した死体を掘り起こして、2回目の葬儀を行う人たちもいます（第5話参照）。これだけ多様なパターンがみられるのは、地域ごとに死生観——死に対する意味づけ——が違うからです。

もっとも、チンパンジーのような遺伝的に人間に近い霊長類は死を悼《いた》む観念があるかもしれないといわれています。[*1] しかし、ネコやイヌといった動物が死んだ仲間を特定の場所に埋めたり、そこに花を手向けたりするような行動をとったら驚きますよね。このように、多様な行動パターンがみられるのは、そこに何らかの意味づけをする能力が人間に備わっているからです。

状況に応じた適切なふるまいこそ人間のなせる技

文化人類学が探究するのは、人間にしか備わっていないとされる複雑に意味づけられた行動パターンです。その場に適したふるまいがあると当事者たちが考える状況であれば、そこに文化を見いだすことができるのです。

まだよく分からないぞ、という人もいるかもしれません。別の例を出しましょう。

何やら友人から物をもらったときに、あなたがもしお金を払ったら、きっとその友人は「それはおかしいでしょ」と思うはずです。友人にとってその物は「売り物」ではなく「贈り物」だと認識しているからです。「物を渡す」という行動が状況に応じて売買なのか、贈答なのかを区別できるということは、その行動の意味を理解できているということになります。繰り返しますが、イヌやネコはこれを区別できません。

ただ、急いで付け加えておくなら、この「意味づけ」は、当事者にとって必ずしも明確に意識されているわけではないということです。

公共空間のなかでの適切なふるまいについて人びとは十全に説明することはできません。しかし、何となくこれは不適切だという感覚はもっています。また、葬式の際にやってはいけないことを何となく理解しています。しかし、それを完全に説明しつくすことはできません。それは人びとにとってあまりに「あたりまえ」になっているからです。

したがって、ここでいう「意味づけ」とは、人びとに十分に意識されているわけではないけれども、何となくその場では「こうするのが望ましい」あるいは「こうするのは望ましくない」という内面化された感覚のことだといえるでしょう。

コロナ禍の人びとのふるまいからも「文化」は見いだせる

もう少し身近で、じっさいに起きた例を挙げてみましょう。

コロナ禍の緊急事態宣言のさなか、私たちは行動制限を受けました。外出すること自体が「よくないこと」とされ、家のなかに閉じこもる生活が続きました。これ自体は、程度の差こそあれ、世界の多くの場所で起きたことです。

しかしその後、行動制限がある程度、緩和されても、店舗のカウンターには透明なビニールが張られていたり、公共空間のいたるところに衝立《ついたて》が置かれたりしていました。できる限り人と人とが直接、接しないような物理的な措置が行われたわけです。こうした極端な対応が、長きにわたってダラダラと続きました。さらに、そのようななかでお酒を飲みに行って集団感染した人たちがいることが報道されると、SNSなどを通じて感染者を非難する発言がいたるところに湧きました。人びとはこうした対応や発言がおかしいと思っても、波風を立てたくないために、みな押し黙ってしまいます。文化人類学者の磯野真穂はこの傾向を「和をもって極端となす」と表現しました。[*2]

ここまで極端な対応はどうも諸外国にはみられないようで、日本社会の息苦しさとして語られたりもしました。一方、「万が一何かあったら責任が取れない」「周りに迷惑をかける人が信じられない」という感覚――自分たちの行動をこのように意味づけているわけです――は、あたりまえではないかと思う人も多いでしょう。私自身、そう思う気持ちが分からなくもないです。

しかし、このように私たちが、それはあたりまえだ、あるいは適切だと思ってやっていることは、じつは別の社会ではあたりまえではないのかもしれません。コロナ禍という全世界の人びとが共通に直面した緊急事態であっても、その対応の仕方において、全世界の人びとのふるまいから同じ行動パターンや意味づけを見いだすことはできないでしょう。このような状況にこそ、文化の違いがあらわになります。

確かに、人間はアリの行列のように本能にしたがって同じ行動をとるということはありません。個々人の考えにしたがって、ある程度、自由に行動したり発言したりすることができます。しかし、そうであっても、それには限度があり、人間の集団を俯瞰してみると、結構似たような行動や考え方をしています。

あまりに奇異な行動や考え方をすると、誰かが「それはおかしい」と非難するでしょう（先述の「周りに迷惑をかけるのはよくない」という圧力もひとつの例でしょう)。その発言をある程度他の人も認めるのであれば、そこには望ましいふるまいや考え方——すなわち、暗黙のルール——が共有されているということになります。

人びとの暗黙のルールを知るためのフィールドワーク

では、「目に見えるものの背後にある、普段あまり意識していない行動パターンや意味づけ」を見いだすにはどうすればよいのでしょうか。

「あなたの社会にはどういった暗黙のルールがあるのですか」と聞いても無駄です。当事者自身が意識しているくらいなら、暗黙のルールにはならないからです。しかし、みなさんが新しい人間関係や新しい環境のなかで生活を始めると、おそらく暗黙のルールをいくつも見つけられるはずです。

たとえば、中学校を卒業して、高校に入学したときのことを思い出してみましょう。授業中の過ごし方——静かにまじめに先生の話を聞くのか、話を聞いたふりをして別のことをするのか、積極的に発言するのかなど——、休み時間の過ごし方——誰と一緒にいるのか、ひとりでいるのか——、その他学校のなかでの自分にとってふさわしいさまざまなふるまい——制服をどう着るか、着崩すかなど——を、あなたは周囲の人たちの様子をうかがいながら習得していったはずです。

確かに、学校には校則という明文化されたルールがあります。しかし、いくら生徒手帳を見て校則を暗記したとしても、その学校のなかでの適切なふるまい方が身につくわけではありません。ときには失敗しながら、学校の「文化」に慣れていったはずです。

最近は「スクールカースト」という言葉がありますが、学校のなかでの友人関係は、自分で自由に選んでいるように見えても、俯瞰してみると一定のパターンに収れんしていることが指摘できます。

人びとに直接尋ねても答えられない暗黙のルールは、それを共有していない人がじっさいに体験することによって見いだすことができます。文化人類学者が日々行っているのは、このような体験を通じた異文化理解です。

みなさんは、「**フィールドワーク**」という言葉を知っていますか。今では中学校や高校でも行われるようになってきているので、どこかで聞いたことがあるという人は多いでしょう。ひとことでいうなら、現場に自ら赴いて、調査することです。教室の外に出て、誰かの話を聞いたり、野外で生物を観察したり、お祭りに参加してみたりするなど、世の中にはじつにさまざまな種類のフィールドワークがあります。

しかし、文化人類学でいうフィールドワークは、調査をするというよりも、むしろ普段のなじみの人間関係からいったん切り離された状況に身を置いて生活するというイメージでとらえるほうがよいでしょう。

入学してはじめて足を踏み入れた高校での経験のように、見知らぬ集団や見知らぬ土地のコミュニティに入り込み、その人間関係のなかに巻き込まれながら、そこで出会う人たちが何をしているのかを観察するのです。これを文化人類学の世界では「**参与観察**」と呼んでいます。

そして、人びとが普段行っていることや話していることについて、文化人類学者はメモをとります。時には、気になったことについて、人びとに話を聞いて、それもメモしていきます。こうしたメモをもとに、彼らの暗黙のルールを発見していくのです。

そして、このメモを体系的にまとめた書物を「**民族誌**（**エスノグラフィ**）」といいます。[*3] 文化人類学の研究成果は、民族誌と呼ばれる書物にまとめられて公開されるのです。

自分のものさしで問うのではなく、自分のものさしを問いなさい

文化人類学者は、このようなフィールドワークを、東南アジアの熱帯林やアフリカの砂漠、オセアニアの島々など、私たちとは極端に生活環境が異なる土地で行ってきました。

もっとも、最近の文化人類学者は、必ずしも遠い海外の土地に限らない、身近な場所でもフィールドワークをするようになりました。とはいえ、文化人類学者になるには、まずこのようなフィールドワークを経験しなければなりません。

このときに重要になるのは、**フィールドワーク先の言葉を現場のなかで使いながら覚える**ということです。この過程を経て、少しずつ現地の人間関係のなかに巻き込まれていきます。こうして次第に世界の見え方を変えていきます。

自分の人生は1回しかありません。日本語を母語とする私は、日本語の語彙で切り取られた世界のなかで生きています。英語を習うと、英語の語彙で切り取られた世界は、それとは異なることが分かってきます。しかし、それでも英語話者の人間関係のなかに巻き込まれることがなければ、英語で切り取られた世界をどこか距離をもって眺める程度になってしまい、自分の身体に染み付いたものになりません。

一方、もし日本語の世界から切り離されて、別の言語を話す人のなかで、一から人間関係を築いていくなら、生活の実感をともなった形で、私たちは世界の別の見え方を獲得できます。

こういう経験を経ることで、自分の性格まで変わるかもしれません。日本で普段暮らしているときは、細かいことにくよくよ悩む性格だったのに、海外で暮らすようになってあまり細かいことを気にしなくなったという友人がいます。人間は住む環境を変えることで、いかようにも変容できます。

これはあたかも、これまで物心つく頃から積み重ねてきた人生とは、大きく異なる人生を生きるかのようです。こう考えることで、私は人生を2回生きるに等しい経験が得られるのではないかと気づきました。人生が2回生きられるなんて、すばらしいと思いませんか。

もちろん、「人生を2回生きる」というのは、少し言い過ぎかもしれません。ほとんどの場合、自分の母語を完全に捨て去って生きる人は稀でしょうし、やはり何といっても長年積み重ねて身につけてきた母語の世界は強固なものです。

しかし、いったん自分の慣れ親しんだ世界から切り離されて、違う言語空間で生活することにより、これまであたりまえだと思っていた世界が、決してあたりまえではないことに気づきます。疑うことすらなかった出来事や考え方について、「じつはあたりまえではないかもしれない」と気づくことで、私たちは新鮮なものの見方を獲得します。

私の好きな言葉に「自分のものさしで問うのではなく、自分のものさしを問いなさい」という格言があります。私たちは普段、「自分のものさし」、すなわち自分の価値基準を自覚していません。しかし、異なる言語空間で暮らすことで、「自分はこういうものさしで考えていたのか」ということに気づく場合があります。

「自分のあたりまえを疑う」とは、最近よく聞く表現ではありますが、私は文化人類学がいうあたりまえの解体は、異なる言語を身につけて生活することから得られる深い気づきだと思っています。

それは、単に「自分とは違う考え方をする人がいるんだ」とか、「人それぞれだよね」といったことに気づくことではありません。そうではなく、「自分はこんな考え方をしていたのか」といった感じで自らが意識していなかった自分の癖や習慣、思考パターンに気づくということを意味します。私はこれを「自己変容」と呼んでいます。

フィールドワークの成果を共有して世界の見方を変える

私がこのように考えるようになったきっかけは、東南アジアのラオスでの私自身のフィールドワークの経験にあります。人口700万人ほどの農業国であるラオスをフィールドに選んだのは、「フェアトレード」という国際協力のしくみが現地のコーヒー生産者にどういった影響を及ぼしているのかを知りたかったからです。

そのために私は現地の大学でラオ語を少し学び、その後は私ひとりしか日本人がいないコーヒー産地のなかで、現地の人たちに助けてもらいながら約2年間のフィールドワークをしてきました。

最初は言葉が通じず、もどかしい思いをたくさんしました。しかし、数か月たつと現地でできた友人のしぐさや話し方を真似している自分に気づきました。幼児が覚えたての言葉を発してみるのと同じように、私も正しい使い方かどうか分からないまま、とりあえず覚えたての言葉を使ってみたりしました。

言葉だけではありません。コーヒー農家さんと一緒に草刈りや収穫作業を行い、祭りがあれば現地の友人たちと一緒に村を訪問して、大音量の音楽にあわせて村人たちと踊ったり、夜通し酒を飲んだりしました。

まさに、ラオスで自分が生まれ変わるような体験をしたわけです。そして、こうした体験をしなければ気づけないことがあるということを学んだのです。それはフェアトレードについて学ぶという当初の目的よりもずっと大きな、生きることそのものや生き方についての学びでした。

本書は、「あたりまえ」を切り崩す9つの問いを立てています。これらの問いを探究していく過程では、文化人類学の偉大な先人たちが唱えた学説や彼らがフィールドワークを通して得た気づきを紹介していきます。それと同時に、海外の事例と日本の事例を行き来しながら、各章の問いに答えていくという構成になっています。

したがって、本書のなかでは、ラオスの事例について触れることはあっても、私のフィールドワークの経験を直接的に語ることはあまりありません。とはいえ、そうであっても、各章の探究の根底にあるのは、私自身のフィールドでの気づきです。

別の言い方をすれば、本書のねらいは、先人の文化人類学者たちの気づきと、私自身の数々の気づきを突き合わせることで、先人たちの成果に私なりの解釈を加えて、文化人類学の魅力を紹介することにあります。

多くの成果をつなげたり、比べたりすることで、ひとりの人間がひとつのフィールドに深くのめり込んで理解できることよりも、もっと多くのことが学べるはずです。本書では、こうした先人たちが世界のさまざまな地域で行ってきたフィールドワークの成果をたくさん紹介しながら、私たちのあたりまえを切り崩していきます。では、人類学的な探究の旅に出発することにしましょう。

＊1　Anderson, R. James（2017）Comparative Evolutionary Thanatology of Grief, with Special Reference to Nonhuman Primates. Japanese Review of Cultural Anthropology. 18（1）: 173-189.

＊2　磯野真穂『コロナ禍と出会い直す——不要不急の人類学ノート』柏書房、２０２４年、６–７頁。

＊3　民族誌とは字義通りに解釈すれば「民族に関して記した書物」ですが、必ずしも民族のことだけを書くのではありません。ここでは「文化に関して記した書物」くらいにとらえておいてください。

第1話 集団と親族

なぜ私たちは「よそ者」に冷たいのだろうか？

「家」と書いて、〝ウチ〟と読む場合があります。「ウチの者」と既婚男性が言えば、たいてい妻のことを指します。「ウチ」は同じ屋根の下に暮らす人びと、多くの場合、家庭を指します。しかし、「ウチ」という表現は、必ずしも家庭のみを指すわけではありません。たとえば、「ウチでは～」と言った場合、状況次第で自分の所属している学校や会社などの組織を指すことがあります。みなさんも「ウチの学校は～」という言い方をしたことがあるかもしれません。

この例に則して考えると**「ウチ」は単に物理的な建物の内側という意味ではなく、人間関係のなかに境界線を引いたときにつくられる、その内側を意味している**ことが分かります。この境界線は固定的なものではなく、話の文脈次第で変化します。

1 「ウチ」と「ヨソ」という考え方

この「ウチ」に対応する言葉として〝ヨソ〟があります。「ヨソ様に迷惑をかけるな」「ヨソ者は入るな」など、「ヨソ」は「ウチ」の外側にいる人たちすべてを指し、「ヨソ」に分類される人たちは、ウチから明確に分離され、異なる道徳が適用されます。

「ウチ」の人たちは、家族を念頭に置いてもらえれば分かるように、情緒的な結びつきが強くなり、わがままを言っても許される関係となります。一方、ヨソ者は、このような情緒的結びつきがなく、わがままを言える相手ではありません。ウチとヨソは明確に分離されているので、ヨソ者が「ウチ」の空間に勝手に入ってくると不快な思いをします。

これは家族だけでなく、会社のような組織でもある程度同じで、やはり会社の「ウチ」と「ヨソ」、会社内の部署の「ウチ」と「ヨソ」が明確にあり、異なる道徳が適用される傾向があります。

日本社会では、このような「ウチ／ヨソ」の厳格な区別があり、とりわけ「ヨソ」について冷淡であることが、ときどき批判されます。たとえば、今は地域おこしが盛んですが、都会から地方に移住した人たちがしばしば直面するのは、「ヨソ者のくせに偉そうに言うな」という地元民からの批判です。

たいていどこでも地元民のなかで何となく共有されてきた慣習――特定の有力者の意見に逆ら

えないなど――があるわけですが、ヨソ者が知らずに慣習に抵触する発言をしたり、行動をしたりすると、地元民を怒らせるといったことが起きます。

こういった「ヨソ者」を排除する傾向は、世界中どこでも起こるように見えます。じっさい紛争や戦争が起これば、そこには必ず明確な敵が設定され、特定の人びとを排除する行動がみられます。

しかし、一方で、**それでも人間が創り出す「集団」には、多様な特徴がある**のも事実です。明確な上下関係のある集団もあれば、比較的平等な集団もあります。また、内部は平等であっても、外部に対してはとても排他的な集団もあるでしょう。

こうした集団の特徴はなぜ生まれるのか。文化人類学は、この集団の特性を生み出す原理をさまざまな角度から研究してきました。

たとえば、狩猟採集や牧畜、農耕といった〝生業〟に注目しながら、生業ごとに集団の特徴が違うのではないかという仮説が出されたりもしました。しかし、世界中の事例を見ていくと、それほど単純に集団の特性を分けることができないことも分かっています。

一方で、父系や母系といった〝親族〟に着目して集団の特徴を明らかにする研究もあります。「親族と集団」と聞いて、みなさんは何を思うでしょうか。そもそも集団の原理を探るときに、親族に着目するという発想が、現代社会に生きる私たちには突拍子もないもののように思えてきます。それは、私たちが「親族」からイメージするものは集団原理とはほど遠いものだからでしょう。

本章では、一見奇異に見えるこのつながりについて説明していくことで、「人類学的な集団研究の見方」を紹介します。そして、それをふまえたうえで、日本の「ウチ／ヨソ」という集団の特徴について考えてみたいと思います。

2 親族が集団をつくる社会

そもそも親族とは、「血縁（生殖）」と「婚姻（結婚）」によって生まれた関係を指します。この関係がなければ人類が滅んでしまうわけですから、人類の存続にとってもっとも基本的な関係です。とはいえ、私たちは家族以外の親族を日常的に意識して生活しているわけではないでしょう。

あなたの親族を思い浮かべてみてください。家族も親族のうちに入りますが、家族以外の親族と会う機会など、年に数回あるかどうかという人が多いでしょう。むしろ、学校や会社のメンバーのほうが頻繁に会いますし、同じ仲間という意識を持ちやすいはずです。

こうした「親族」という言葉を聞いたときに抱く、どこか疎遠な印象は、決して普遍的なものではありません。この世界には、親族がひとつの集団をつくり、学校や会社のように、そのメンバーシップを明確に規定している社会があります。

国家がなくても平和に暮らせる人たち

1930年代のイギリスの人類学者たちは、植民地だったアフリカ社会で盛んにフィールドワークをしていました。当時のアフリカにはいくつもの王国――あるいは首長国――がありましたが、王のいない社会も複数みられました。にもかかわらず、特に争い続けているわけでもなく、それなりに秩序だって生活している様子を見て、人類学者たちはこの地域の人びとはどうやって秩序を保っているのかという問いに直面しました。

というのも、当時の西洋社会では、社会が何の制約もない自然の状態にあるとき、人びとはお互いに争い合うものだと考えられていたからです。「万人の万人に対する闘争」という言葉を聞いたことがある人は多いかもしれません。これは17世紀にトマス・ホッブズという政治思想家が言い出した言葉です。

ホッブズはその主著『リヴァイアサン』[*1]のなかで、もし仮に人間の集団に統治者がおらず、法もない状態であれば、人びとは自分の本能のままに争い始めるだろうと想定しました。ホッブズはこれを自然状態といったのですが、この状態を回避するために国家が必要だという論理を展開しています。

ホッブズの説はその後、さまざまな批判にさらされますが、それでも西洋人の一般的なイメージとして、「国家がない」ということは争いが絶えない状態だと考えられていたはずです。20世紀に入ってもこのイメージは覆ることがなく、アフリカといえば「未開社会」であり、文明から取り残された野蛮な人びとがいる土地だと思われていました。

ですから、アフリカの諸社会を調査した人類学者が、**王や首長といった国家を統治する者がいない状況で、お互いの自由を脅かさずに平穏に暮らしている人びと**を見たとき、とても驚いたのです。

「出自」によってつくられる集団の発見

このとき、フィールドワークを通して人類学者たちが見いだしたのが、「**出自集団**」という概念です。[*2]「出自」というのは、自分の生まれという意味です。

人間は誰しも自分を産んでくれた――つまり生物学的な意味での――父と母を持ち、父方と母方の両方に血縁関係のある人たちがいます。私たちはそのどちらも「親族」と考えますが、世界中の人たちがそう考えているわけではないのです。

たとえば、**父方の血縁関係のみを重視して、同じ始祖を共有する、父方の親族だけで集団をつくる**場合、人類学では父系出自集団――あるいは父系制――といいます。父系出自集団には、土地や家畜の相続の権利を男性に限定したり、自分の集団以外から結婚相手を選ばねばならなかったりするというルールがあります。同じ始祖を共有する集団であるため、いわゆる親戚に相当する人たちの数は、私たちが想像するよりずっと多くなります。

図1：父系出自集団と母系出自集団のメンバー

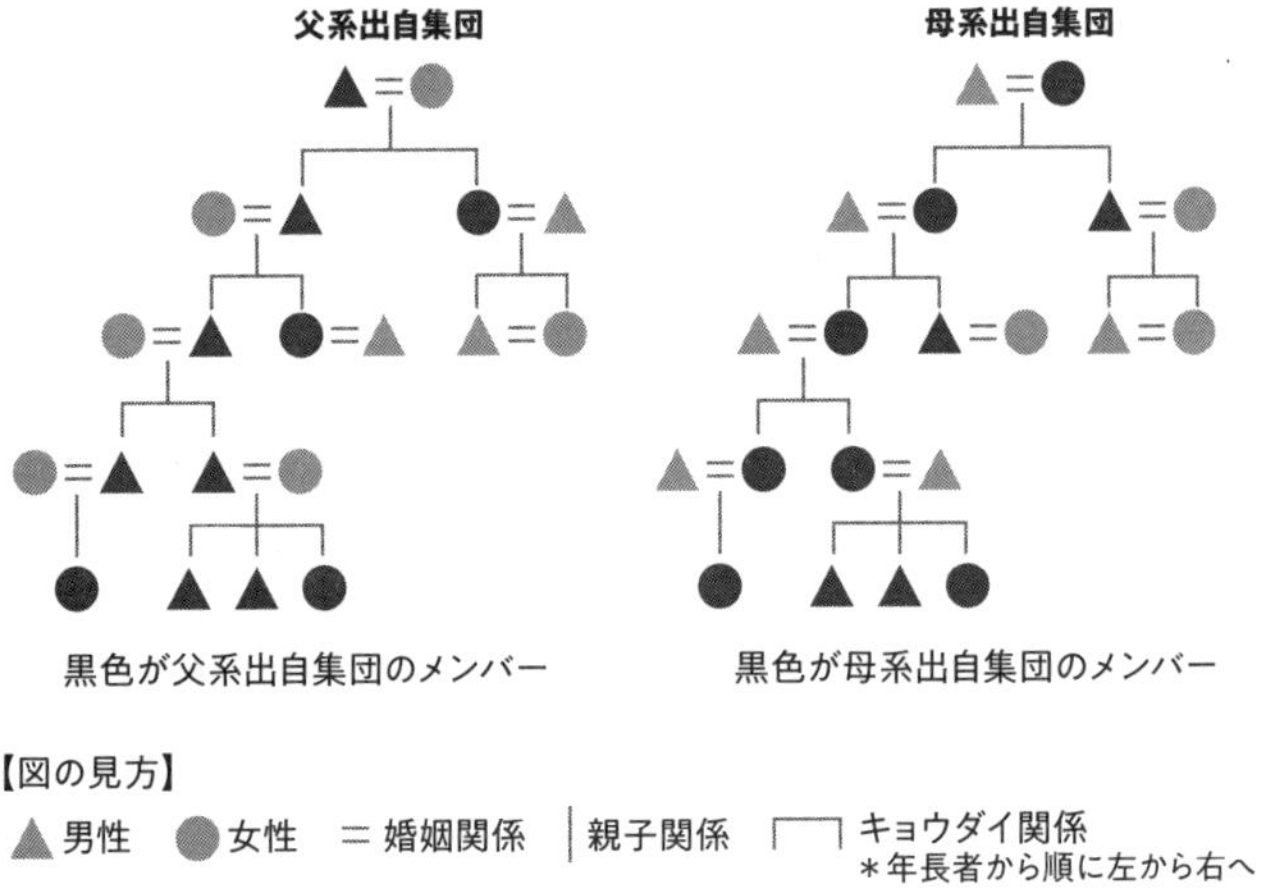

ちなみに、女性は結婚すると、地域によって相手方の出自集団のメンバーになる場合もあれば、実父の出自集団のメンバーのままの場合もあります。

母系出自集団——あるいは母系制——の場合には、これが逆転し、**母方の親族だけで集団をつくります**。母系制の特徴として興味深いのは、子どもから見て母方のオジ——母の男性の兄弟、とりわけ兄——が、子どもの養育に強い影響をおよぼすことが多いということです（第2話参照）。母系はなかなかイメージしにくいですが、男性であっても、母方の系譜にある者たちは同じメンバーになります。すなわち、誰を自分と同じ親族とするのかは、人間集団によって異なるのです。

出自は社会的地位や財産、姓の継承の権利に関係しています。誰が儀礼に参加するのか／できるのか、誰が墓を管理するのか、誰の姓を受け継ぐのか、土地や家畜といった財産は誰が相続するのか、誰が社会的地位を継承するのか、誰と一緒に働くのか、誰が養育するのかなど、さまざまな権利と義務が出自によって決まります。

たとえば、母系制の場合、土地や家畜といった財産は女性の系譜にしたがって相続され、男性には相続されません。逆に、父系制の場合、男性の系譜にしたがって相続され、女性には相続されません。一方で相続の権利をもつ者は祖先の祭祀の義務を負うなど、それなりの負担を強いられることもあります。このように親族とされる人びとのなかでの権利と義務の配分が、慣習的に決まっているのです。この配分のあり方も、親族関係のあり方によって異なります。

人類学者はアフリカだけでなく、アジアやオセアニアなど、さまざまな地域でフィールドワークをするようになり、自分の調査対象の人びとがどのような親族関係を構築しているのかを調べました。すると、地域によって偏りがあるものの、多くの地域において、父系や母系の出自集団があることが分かりました。**国家がなかった時代から、人びとは自分の出自にしたがって集団をつくって生きてきたのです。**

ちなみに、私のフィールドである東南アジアでは、たとえばインドネシアのスマトラ島にあるミナンカバウが母系制、東ティモールのテトゥンが父系制です。また、オセアニアは母系制が多いことが知られています。一方、中国の漢民族は紀元前12世紀頃――殷代後期――に「宗族(ソウゾク)」という父系出自集団の原型が形成されました。[*3] そして、それに影響を受け朝鮮(韓国)・沖縄でも「門中(ムンジュン/ムンチュウ)」という父系出自集団が生まれました。

これはじつに興味深いことです。というのも、誰が決めたわけでもなく、人間はそれぞれの地域で出自集団なるものを作り上げてきたのです。なぜこういう集団がつくられたのかという明確な答えはありませんが、**出自集団は人間が集団をつくるうえでもっとも基本的な原理**であることが分かります。

リネージとクラン

ここで、出自集団に関連して、もうひとつ重要な人類学の用語群を説明しておきます。「リネージ」と「クラン」です。

リネージとは**メンバーと祖先との系譜関係が明確にたどれる出自集団**を指します。ちょっとイメージがわきにくいので例を出しましょう。たとえば、私の苗字は「箕曲」ですが、箕曲という姓をはじめて名乗ったのが、仮に箕曲初代さんだったとします。その後、私の代まで何人もの箕曲姓が生まれたわけですが、この箕曲姓の人たち全員が箕曲初代さんを始祖とする集団ができます。この集団をリネージといいます。

しかし、ここが重要な点ですが、後ほど説明する例外はあるものの、日本では多くの場合、同じ姓をもつからといって、そこに仲間意識が芽生えることはありません。家系図が残っていて、箕曲姓を名乗る誰々さんと誰々さんに血縁関係があったとしても、それがあまりに離れていれば、赤の他人になってしまうでしょう。

図2：リネージとクラン

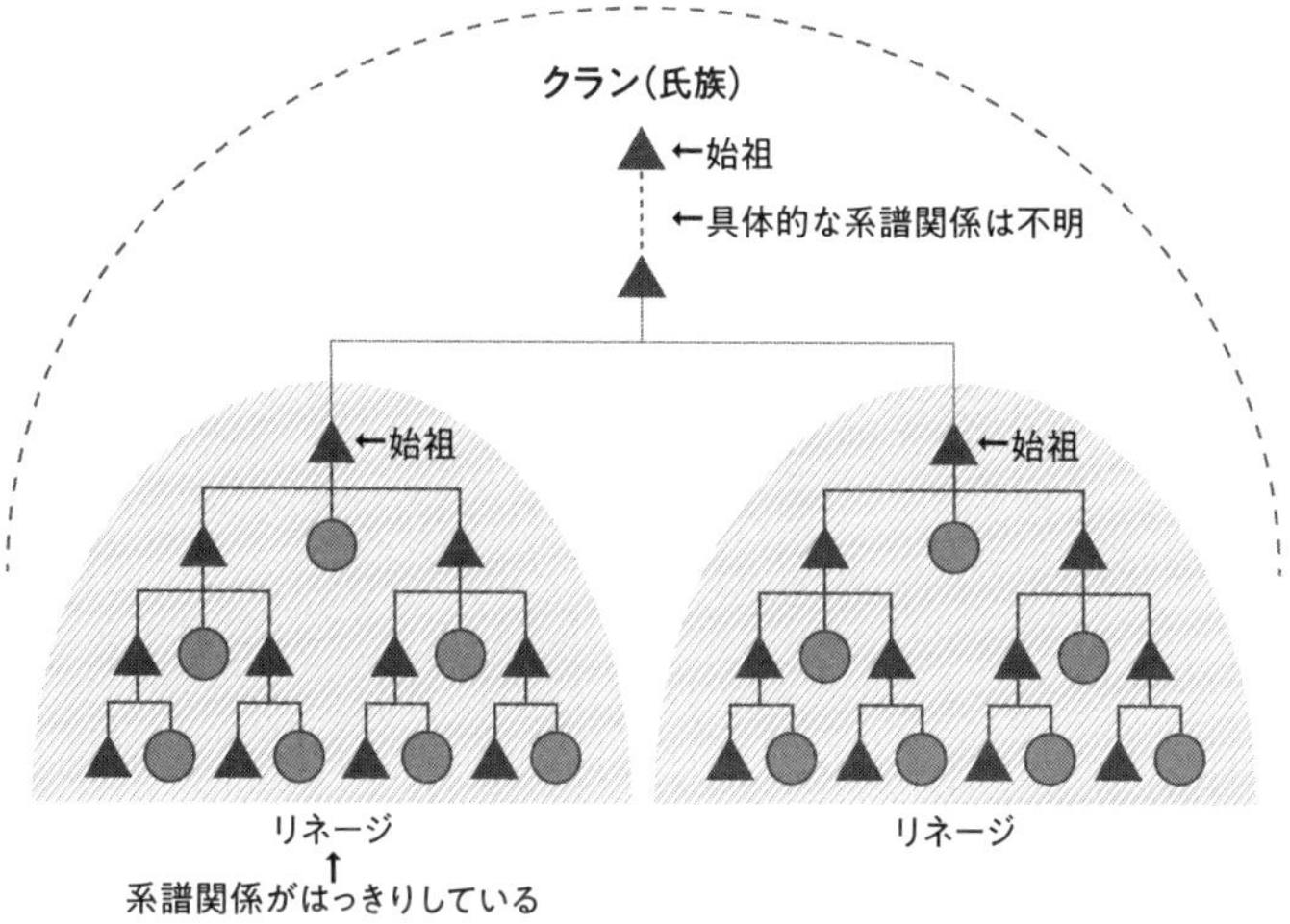

この感覚からすると、なかなかイメージしにくいのですが、**出自集団をもつ人たちの場合、同じ姓——あるいはそれに相当する呼称——を共有しているというだけで一定程度の仲間意識をもつ**のです。

一方、クランとは**メンバーと祖先との関係が神話や伝説にもとづく出自集団**を指します。リネージとクランはとてもよく似ているのですが、出自集団の始祖が実在の人物ではなく、神話や伝説の人物であれば、その集団はクランになります。

先ほどの例でいえば、箕曲初代さんが、桃から生まれて鬼を成敗して一族の長になったといった神話に出てくる人物だったとしたら、箕曲初代さんを始祖とする集団はクランとなります。

なお、これは喩え話ですので、一般的な日本社会にクランはありません。クランをもつ実在する集団で有名なのは、北米先住民のクリンギットです。彼らの出自集団の始祖は、ワタリガラスやオオカミなどの動物です。ですから、自分たちのクランの始祖は人間ではなく動物だったと彼らは考えています。

他にも、オーストラリアの先住民アボリジニも同様にクランの始祖は動物です。私の行ったことのある地域でいえば、東ティモールのテトゥン人も、自分たちのクランの始祖はその地域の山だとみなしています。

リネージとクランはこのように明確に異なる意味をもっているのですが、この広い世界にはリネージだけをもつ出自集団、クランだけをもつ出自集団があるばかりでなく、リネージとクランを両方もつ出自集団もあります。

そんなややこしい社会、どこにあるのと思うかもしれませんが、じつは自分たちの足元にあります。**天皇家は父系出自集団だといってよいのですが、天皇家の場合、リネージとクランの両方をもちます。**

現在の天皇家の具体的な系譜関係をさかのぼると、その始祖は神武天皇だとされています。一方、アマテラス大御神は神話上の天皇の祖先です。つまり、神武天皇を始祖とする集団と見れば天皇家はリネージになり、アマテラス大御神を始祖とする集団と見れば天皇家はクランになります。

クランの始祖は多くの場合、崇拝の対象となります。じっさい天皇家もアマテラス大御神が祭られている伊勢神宮への参拝を欠かしませんよね。クランの始祖を動物や植物、山のような自然物とする集団も、やはり自分たちの始祖を崇拝します。このように始祖となる動植物や自然物を信仰することを「トーテミズム」と呼びます。

3　出自集団のない社会の集団原理

このように出自集団は、かつての人類学にとって最重要概念のひとつでした。しかし、研究が進むにつれて、明確な出自集団をもたない人間集団もそれなりにたくさんいることが分かってきました。

そもそもヨーロッパの人びと――言語の違いにより、かつてゲルマン人・ラテン人・スラヴ人と呼ばれた人びと――は明確な出自集団をもっていません。むしろ、そうであったからこそ、ヨーロッパの人類学者は、自分たちとは異なる集団原理をもつ人びとに関心が向いたわけです。しかし、今度は逆にヨーロッパの場合のように、明確な出自集団をもたない人びとの親族関係をどのように整理するかという問題が生まれました。

双系制とキンドレッド

そこで、人類学者はさまざまな概念をつくり、出自集団をもたない社会の親族関係の特徴を何

図3：双系制とキンドレッド

●双系制：個人を中心に父方と母方双方にたどる系譜関係
●キンドレッド：個人を中心に見た親族のカテゴリー
＊どちらもほぼ同じ事象を指しているが、系譜という考え方にもとづいて整理したのが「双系制」、系譜という概念を使わずに親族の結びつきの観念に着目したのが「キンドレッド」。

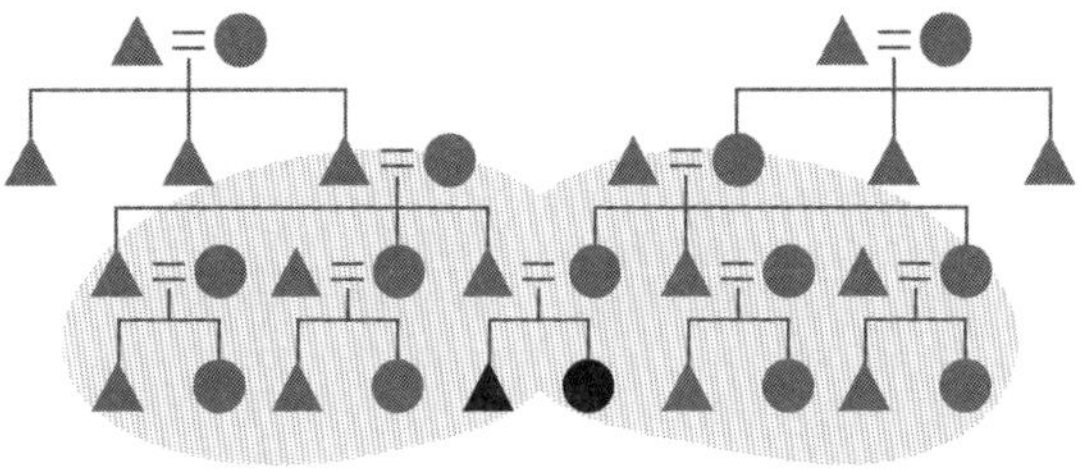

黒色の人物を中心にして何となく「親類・親戚」と思っている範囲＝キンドレッド

とか整理しようとしました。なかでも「双系制」は比較的普及した概念です。これは父方と母方の両方を親族とする考え方を指します。この場合、親族としてのメンバーシップははっきりしません。単に系譜関係が父系と母系の両方に連なるというだけです。

沖縄以外の日本では、宗族や門中といった制度がなく、多くの人びとは父方の家系と母方の家系の両方を親族ととらえるはずです。そのように認識していることこそが、双系制であることの証拠になります。

また、双系制と似た人類学の用語に「キンドレッド」があります。出自集団が祖先を中心に親族の境界線が決まるのとは逆に、個人（私）を中心として親族の境界線が決まる場合、「その社会にはキンドレッドの考え方がある」といわれます。

出自集団の場合、特定の祖先にたどり着くことができる人たちはみな同じ親族だとみなすため、自分が一度も会ったことがなくても、その事実が明らかになったときにはお互いが親近感を抱き、仲間意識をもつ傾向があります。この感覚は、はじめて会った人が母校の卒業生だと分かると抱く親近感に似ています。

一方、みなさんのなかでは、「親戚」というとだいたい父方と母方のイトコくらいまでなのではないでしょうか。それより離れていると遠い親戚とはいうものの、一度も会ったことはない人も多いでしょう。そうなると、同じ祖先を共有しているといわれても、「仲間だね」とはならないと思います（出自集団をもつ社会の場合、これが「仲間だね」となってしまうのです）。そう考えるのであれば、人類学の世界では「それはキンドレッドですね」と判断されます。

キンドレッドをもつ社会の場合、個人ごとに親族の範囲が異なることになります。私の親族の範囲は、イトコが考える親族の範囲と異なるわけです。そんなのあたりまえではないかと思うかもしれませんが、世界中の人がそのように考えるわけではないのです。繰り返すならば、出自集団をもつ社会の場合、父系であれば父方の系譜のみが親族、母系であれば母方の系譜のみが親族と、明確に線引きされます。

このように見てくると出自集団はメンバーシップがはっきりしているけれど、出自集団をもたない双系制の社会は集団としての輪郭がはっきりしない人たちの集まりだと思うでしょう。

しかし、双系制の社会は、まったく統率が取れていない自分勝手な人たちの集まりかというとそうではありません。**私たちは双系制の社会のなかに生きていますが、出自とは別の原理で集団**

をつくっています。では、出自とは別の集団原理にはどのようなものがあるのでしょうか。まずは日本と同じ双系制の社会とされるタイ人とラオ人の集団原理を見ていきましょう。

タイとラオスの屋敷地共住集団

東南アジアのタイ人やラオ人の社会は**双系制かつ「妻方居住《つまかたきょじゅう》」**の傾向があります。妻方居住というのは結婚すると、男性が女性側の家族と一緒に住むことを指します。日本でいえば婿入りですね。

この社会は双系制ですので、特に出自集団を形成していません。しかし、親族のつながりが弱いのかというとそうではありません。彼らの居住形態に着目することで、単系出自集団とは異なる集団形成のあり方が見えてきます。

タイ人とラオ人は、先述の通り結婚すると男性が女性側の家族と一緒に暮らすことになります。結婚後、男性は妻方の両親と一緒に農作業を行い、子どもが生まれてしばらくすると、農地を分けてもらいます。そして、男性は義理の父母の家屋がある敷地のなか、あるいはその近くに新たな家屋を設け、夫婦と子どもはそちらに移り住みます（図4）。

娘が多い家族は、娘たちが結婚するたびにお婿さんが家族の一員になるわけです。そして、次々に農地を分け、新しい家屋を隣接する場所につくっていくことになります。そして末娘は両親の農地と家屋をそのまま継承するのですが、その代わりに両親の老後の世話をする義務を負い

図4：屋敷地共住集団のしくみ

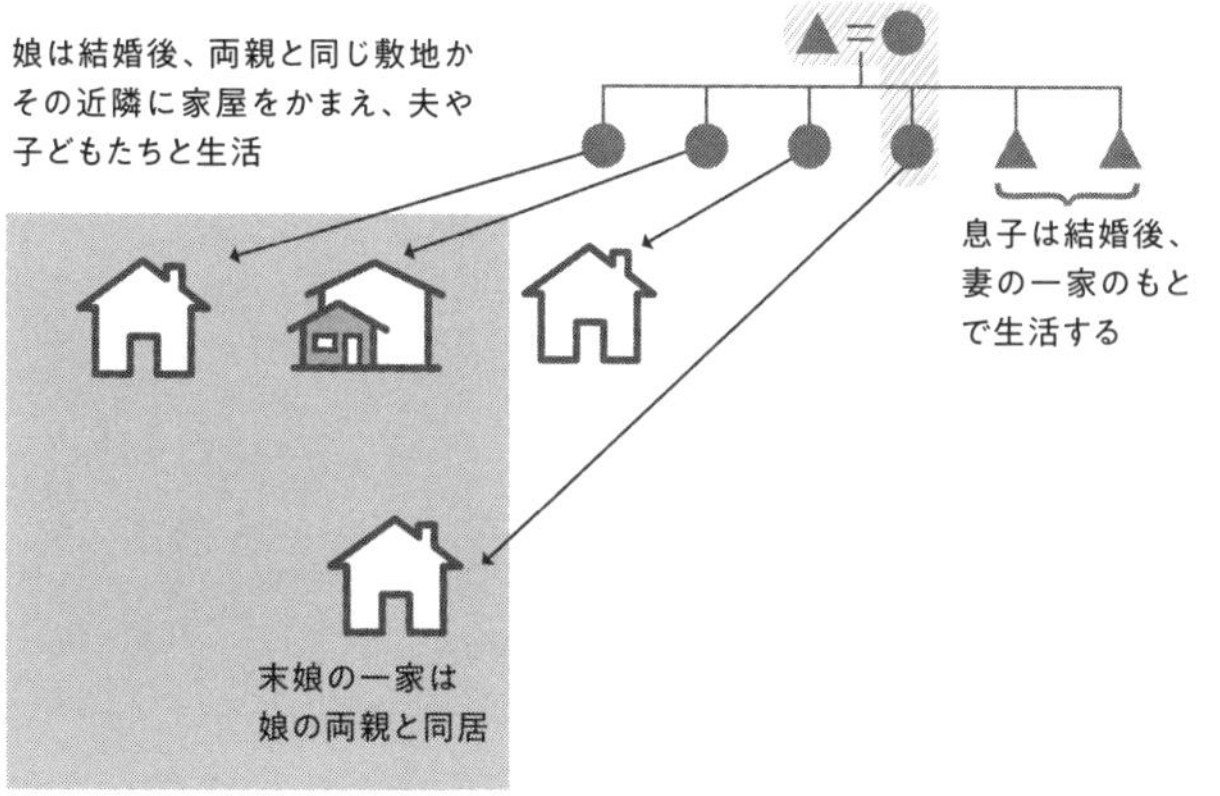
娘は結婚後、両親と同じ敷地かその近隣に家屋をかまえ、夫や子どもたちと生活
息子は結婚後、妻の一家のもとで生活する
末娘の一家は娘の両親と同居

ます。私のラオ人の友人によれば、「**末娘と結婚できた人はラッキーだね**」と言われるそうです。新しい家屋をつくらず、そのまま義父母の財産を継承できるからです。

こうして家屋は独立しているものの、自分の家の隣が姉妹夫婦やその両親の家となり、お互いに食べ物を譲り合ったり、農作業を手伝ったりして、協力関係を築き上げます。タイ研究者の水野浩一は、この居住と相互扶助の形態を、「**屋敷地《やしきち》共住《きょうじゅう》集団《しゅうだん》**」と呼びました。[*4]

ただし、この形態は厳密に実践されているわけではなく、ときには男性の家に女性が移り住むという逆パターンもみられます。私が自分の調査地で友人たちに聞いたところでは、確かに婿入りする傾向は強いけれど、結婚した当事者同士で話し合って決めるということでした。ですので、絶対に守らねばならない規範（ルール）というほど強いものではありません。しかし、私はこれまでに200家族ほど聞き取り調査をしてきましたが、7割以上の家族が婿入りし、屋敷地共住集団をつくっていました。

この屋敷地共住集団は、とてもよくできた相互扶助のしくみです。まず、子どもの養育において利点があります。両親や姉妹夫婦が隣同士で住んでいれば、夫婦が農作業に出ているあいだ、子どもを気軽に預けられます。近年ではラオスの隣国タイに出稼ぎにいく若者が多いのですが、数か月間、親が家を離れているあいだ、親族が子どもの世話をしているケースがみられます。

次に、農作業をするにも利点があります。私が調査しているコーヒー農家でも、あるいはコメ農家でも収穫期には多くの人手が必要になります。両親および姉妹夫婦がひとつのチームになり、順番に自分たちの農地をめぐることで、一定の区画の収穫を短期間で終えることができます。

ちなみに、妻方居住と母系出自集団は、どちらも女性の親族関係が強調される点で似ているところがあり、よく誤解されています。しかし、妻方居住は、母系出自集団とは異なり、財産継承のルールが明確に決まっているわけではなく、男性にも相続権が認められます。[*5] また、妻方居住の場合、結婚後に婿入りし、理念的には子どもの養育は夫婦が担うのに対し、母系出自集団の場合、夫ではなく妻方の男兄弟が養育を担います。

4 「資格」の共有による集団と「場」の共有による集団

家は集団原理になりうるか？

タイ人やラオ人にとっての屋敷地共住集団に対応するような集団原理は、日本社会にもみられます。それは「家《イエ》」です。「家」と聞いて、「なんだ、ただのおうちか」と思わないでください。これは出自集団とは異なる日本独自の集団原理と考えられており、17世紀頃に武士や農民といった身分を問わず日本社会に広まりました。

私たちが「家」という場合、確かに住む家であり、建物を意味するかもしれません。**しかし、ここでの「家」には、もう少し観念的な人間関係のルールが内包されています。**たとえば、江戸時代の「家」のメンバーは、必ずしも血縁関係のある家族に限らず、丁稚や奉公人といった非血縁者も含まれました。なかにはこれらの非血縁者を婿養子に迎え入れて、「家」を継がせるといったことさえありました。

これは出自集団をもつ社会の相続のルールを基準にすると、とても異質に見えます。出自集団をもつ場合、父系だろうと母系だろうと、基本的には血縁関係のある人たちにしか相続の権利はありません。

しかし、日本の婿養子を例外で異質なものとして理解するのでは何も説明したことになりません。ここには何らかの独自のルールがあると考える必要があります。そこで見いだされたのが「家」と呼ばれる制度だったのです。

「資格」の共有か「場」の共有か

さて、ここまでの話から、世界各地には出自集団や屋敷地共住集団、「家」といったいろいろなタイプの集団があることが分かったと思います。しかし、それで終わっては文化の多様性を理解することにはなりますが、その根底にある人間としての共通性に迫ることはできません。**もっと別の角度から、これらの集団の多様性に通底するしくみのようなものはないか**、という問いが生まれます。

このとき、極めて興味深い指摘をしたのが、中根千枝という日本の人類学者です。中根は**人間がつくる集団の境界を決める基準には、「資格」と「場」の2つがある**といいます。すなわち、資格が同じであるか、あるいは場を共有しているかどうかという、2つの基準にもとづいて人びとは集団を形成するというのです。

イギリスで親族理論を学んだ中根は、出自集団のメンバーシップを「資格」と読みかえています。たとえば、出自集団の場合、同じ姓・氏を共有しているということが、相続の権利や祭祀の義務の共有と結びつくため、同じ資格を共有していることになります。しかし、中根の分析のおもしろいところは、こういった「資格」を出自集団のメンバーシップにとどめるのではなく、「一定の属性」として定義し、カースト制度や学歴、職業などにも拡張しているところです。同じカーストであるということは、同じ資格を有するということになります。

他にも、大学生であるという資格、教員であるという資格など、いろいろ応用が可能です。さらには、社長や労働者、地主、小作人、男、女、若者、年寄りといった属性も、ここでいう資格になります。

こうした資格のいずれかを使うことで集団が構成されることがあります。私は文化人類学者として、日本文化人類学会という組織に加入していますが、これは文化人類学者という「資格（属性）」を共有している人がつくる集団です。この点では、出自集団やカースト集団も、みな資格による集団になります。

一方で、中根は資格とは異なり、「場」の共有によって生まれる集団もあるといいます。○○村や○○会社、○○大学などの集団は、さまざまな資格の人がともに含まれています。たとえば、大学であれば、教員や職員、学生などさまざまな資格を持つ人が含まれますが、全員「○○大学の人」ということができます。このように「○○大学の人」としてくくられる場合は、場の共有による集団を指します。

このように2つの基準によって集団が形成されるなかで、中根はとりわけ日本社会は場の共有を優先させる傾向があり、その典型が先ほど言及した「家」にみられるといいます。彼女は「家」を生活共同体であり、なおかつ経営体でもあるととらえます。そして、「家」は場を共有する成員によってできている明確な社会集団の単位であると定義づけます。

つまり、中根の考えでは、出自集団や屋敷地共住集団、家などは、それぞれの地域の集団の特性を示していることにはなるけれども、人間が創り出す集団の原理とはいえないということになります。むしろ、こうした集団の特性を横断して見いだされる原理は、「資格」と「場」なのだといえます。

情緒的な結びつきの強要

日本では、「家」集団内の人間関係が他のあらゆる人間関係に優先される傾向があります。[*6] たとえば、婚出した自分の娘よりも、自分の息子と結婚し、家に入ってきた女性のほうを重視し、自分たちの「ウチ」の者だとみなします。前述の婿養子の考え方にもみられるように、非血縁者を「ウチ」に取り込む考え方は、中根に言わせればインドやヨーロッパにはない考え方だとされます。

このように、「家」には、血のつながりがないという点で資格を共有していない者を含み込み、その者たちは血縁者と同等の扱いを受けるという傾向が見いだせます。

しかし、一方で、資格を異にする者を含み込む集団であるがゆえに、こうした者たちをつなぎとめておくための方策が必要になります。中根はそれこそが情緒的な結びつきの強要だといいます。

資格による集団は、資格という共通項があるがゆえに、特に何か外的な枠をあてはめなくても集団としての意識をもてます。たとえば、カーストという資格は不変のもので動かしようがないため、わざわざ作為的に集団の特性を作り上げなくても人びとは仲間意識をもてます。

しかし、共通項のない場の共有による集団の場合、人びとをつなぎとめておくために、つねにメンバー同士が交流し合い、人びととの行動だけでなく価値観や考え方まで統率したり、プライベートな部分にまで立ち入ったりすることが起こりがちです。

したがって、この章の冒頭で述べたような、ウチとヨソを分け、ヨソ者を排除する傾向は、このような場を優先する論理から生まれる必然的な帰結だといえます。場を優先する場合、その内部の人たちは明確な共通性をあらかじめもっていないために、つねに自分たちが仲間であることを確認する行動をとらねばなりません。つまり、ヨソ者を排除するという行動をとることによって、ウチの者たちの仲間意識を確認しているわけです。

中根は、日本社会における場を優先する論理は、伝統的な「家」だけでなく、企業——とりわけひと昔前の大企業——にもみられるといいます。高度成長期の大企業は、年功序列や終身雇用といった制度により、ひとつの企業という場のなかに人びとを帰属させ、愛社精神を叩きこみました。「家」における嫁がはじめは外部の者だったのに、次第に「家」の一員として行動や考え方まで「家」のしきたりに順応していくのと同じように、企業の新入社員は長い年月をかけて会社の方針に従順な主体へと変化させられます。

このような企業のあり方は、資格を優先する社会とは異なるものになります。**たとえば、営業職や技術職といった属性は、ここでいう資格に相当しますが、こういった属性を重視する社会の場合、転職が頻繁に起こります。**ひとつの企業のなかにずっと勤め続けるということ自体がナンセンスだととらえられ、自分のもつ能力次第で、よりよい条件の企業に移っていくことができます。

しかし、場を優先する社会では、企業内で社員が営業やマーケティングなどの配属転換を頻繁に経験することになります。したがって、社員が専門的な能力を身につけるのが難しく、転職へのハードルが高くなります。このように、資格を重視するか、場を優先するかといった集団原理の違いが、望ましい企業のあり方にも表れてきます。

文化人類学のものの見方——「資格」と「場」は併存している

中根がこの議論を掲載した『タテ社会の人間関係』は1967年に刊行された後、好意的に受け止められ、その後、長く読まれ続けました。それは、日本にとどまらず、1972年に英語版が刊行されると、英語圏の日本研究の必読書になりました。こうした受け止められ方をしたのは、当時、日本社会が高度経済成長期にあったことと関係します。年功序列や終身雇用といった日本型経営が海外で注目されるなか、本書はこの経営スタイルの基盤にある文化的側面を鋭く析出しました。

しかし、高度成長期が終焉を迎え、日本経済の衰退が始まり、日本型経営が限界を迎えた今日、中根の議論はどこか単純すぎると思わざるをえません。現代の日本社会では、非正規雇用者が増え、転職が一般化しており、愛社精神は次第に廃れていっています。この点で、**日本の集団原理**

の核にあるのは「資格」よりも「場」であるという主張は、次第にリアリティを失っているようにも見えます。

とはいえ、中根の議論は現代においても、人類学的な思考の特徴を考えるうえで有効であるといえます。中根の議論でよく誤解されるのは、中根がフィールドワークをしたインドは「資格」、日本は「場」によって集団が形成されているという二分法を前提にしているという点です。中根はじっさいにはこのように考えていたわけではありません。

彼女が言いたかったのは、**どの社会にも「資格」と「場」という2つの集団原理が併存しているものの、どちらが優勢になるかはその社会の状況次第**だということです。[*7] 彼女は明言しているわけではありませんが、この考え方にしたがえば、日本社会のなかでも、時代の変化にともない、「資格」と「場」の2つの原理に変化が生まれ、組織のあり方も変わってくるといえます。

したがって、現代の日本社会の集団の特徴を見ると、かつてほど「場」の原理が優勢ではないかもしれません。しかし、それでもまだ場による集団の特徴は一定程度持続しています。グローバル化のなかで人びとの価値観や組織のあり方が劇的に変わるなかでも、そう簡単に新たなものに置き換わるわけではなく、やはり過去から続く特徴がみられます。

そしてこの中根の議論は、「日本人とは何か」という日本人論の文脈でよく登場します。インド人は「資格の共有」を重視するのに対して日本人は「場の共有」を重視するといった形で、日本人の性格として語られるのです。いわゆる「国民性」の議論です。

こうした日本人論のバリエーションとしては、アメリカの文化人類学者ルース・ベネディクトによる「罪の文化」と「恥の文化」という対比も有名です。これはアメリカ人と日本人の行動基準の違いとして説明されます。

これらの日本人論は、アメリカ人と日本人のように人間集団ごとに性格や行動基準に明確な違いがあるという前提のもとで繰り広げられる議論です。[*8] しかし、現代の文化人類学では、このような集団ごとにどういった特徴があるかという議論は、あまりしません。

このような議論は民族や人種といった人間集団のカテゴリーごとの分断を招いてしまいます。じっさいアメリカ人でも日本人でもいろいろなタイプの人がいますが、「ざっくりとこういう傾向」という形でまとめて、そのカテゴリーの違いを強化してしまうのは望ましいことではありません。

中根は、インド人は「資格の共有」で日本人は「場の共有」という形で両者を分断したかったわけではありません。そのように誤解されて読まれがちですが、じっさいはどちらの社会にも、「資格」と「場」の観念があり、どちらが重視されるかは、その社会の状況次第だと考えています。

文化人類学のものの考え方として重要なのは、「資格」と「場」のように複数の価値の軸が併存しているという見方です。ややもすれば、私たちは、○○人は個人主義的で、△△人は集団主義的な性格だといった形で、集団ごとの違いを強調しがちです。しかし、この見方は人類学としては推奨されません。

むしろ、現代の文化人類学では、どのような社会にも複数の価値基準があり、それぞれがどのような状況のなかで結びついたり、対立したり、強調されたり、否定されたりするのかという動きをとらえようとします。

「資格」と「場」は決して、それぞれの社会に固有の特徴なのではなく、両方がどの社会にも併存しており、これら2つの異なる原理がどういう状況において優勢になり、そして変化していくのかという視点から、人間が作り出す集団の特徴を説明していく思考法は、今でも有効であるといえるでしょう。

本章では、文化人類学が「人間の集団」についてどのようなアプローチで研究してきたのかを見てきました。父系や母系といった出自集団に着目した研究から、屋敷地共住や家といった居住形態に着目した研究まで説明したうえで、最後にこれらを通底する原理として「資格」と「場」を取り上げました。

これらは比較的古い時代の研究ですが、現代の人びとの組織的行動を理解するうえでも十分に役立ちます。逆にいえば、今日の人びとの集団の特性を理解するためには、近視眼的にならずに、人間がこれまでに作り上げてきたさまざまな集団を念頭に置きながら、そこに共通してみられる原理を検討していくことが重要だといえます。

＊1 ホッブズ、トマス『リヴァイアサン（上）』加藤節訳、ちくま学芸文庫、２０２２年。

＊2 人類学者としてはじめて「出自集団」についてまとまった記述をしたのは、アメリカの人類学者ルイス・ヘンリー・モーガンだとされます。しかし、父系制や母系制が社会秩序の形成にいかに役立っているのかをフィールドワークを通して実証的に研究したのは、Ａ・Ｒ・ラドクリフ＝ブラウンやＥ・Ｅ・エヴァンズ＝プリチャードといったイギリスの人類学者たちでした。

＊3 松丸道雄「殷」松丸道雄他編『中国史１ 先史〜後漢』山川出版社、２００３年、１３６-１４０頁。当時の王族に父系出自集団の特徴が見いだせます。

＊4 水野浩一「農地所有と家族の諸形態」『東南アジア研究』３巻２号、7-35頁。

＊5 ただし、男子は婚出するので、そもそも農地を相続しても自分で管理できませんから、結果的に両親の近くに住むことになる娘夫婦に相続されます。

＊6 中根千枝『タテ社会の人間関係——単一社会の理論』講談社現代新書、１９６７年、32頁。

＊7 前掲書、27-28頁。

＊8 たとえば、高野陽太郎『日本人論の危険なあやまち——文化ステレオタイプの誘惑と罠』（ディスカヴァー携書、２０１９年）では、中根の議論に言及し、日本人はつねに「上の者」に従順だとは限らないと、いくつもの例を挙げて指摘しています。もっとも、私がここで説明している通り、中根はすべての日本人が「上の者」に従順だと言いたかったわけではありません。しかし、日本人論の文脈において、人びとは中根の議論をこのように誤読してきました。

第2話 家族と血

家族にとって血のつながりは大切か？

養子や養父母という言葉に、どこかネガティブなイメージをもってしまう人は多いかもしれません。生みの親と育ての親が違うというモチーフは、よくテレビドラマや小説、映画のネタになります。「血がつながっていない家族」というのは、それだけでどこかドラマが成立しそうなイメージを喚起させます。

たとえば、6年間他人の子どもを育てたという実話をもとにした是枝裕和監督の映画『そして父になる』は、家族の絆にとって重要なのは「血」なのか、それとも共有した時間なのかという難しい問題を私たちに突きつけてきます。福山雅治扮する父親と尾野真千子扮する母親は、出生時の病院の手違いにより、他人の子どもを育てることになります。それから6年して、病院から取り違えの事実を知らされます。この夫婦は、取り違えの相手の夫婦との話し合いにより、子どもたちを交換することになります。

自分たちと「血はつながっている」けれど、赤の他人のように見える子どもと親子関係は築けるのか。この映画の見どころはここにあります。結局、その後、どうなったのかは映画を見てのお楽しみ。ここでは映画の詳細には立ち入りません。この話から私が言いたいのは、親子のあいだに血のつながりがないというモチーフは、どこか人びとに衝撃を与え、ドラマになりやすいということです。

1　生みの親と育ての親

誰しも大人になってから「お前は実の子どもではないんだよ……」と言われれば驚くほかありません。「本当の親、実の親」といった表現は、血がつながっているということを意味します。ですから、「実の親ではない」ということは、すなわち「血のつながりがなかった」という事実を伝えることになります。**しかし、なぜ「血のつながりがない」ということが、人びとにこれほどショッキングな印象を与えるのでしょうか。**

この背景には、親子関係にとって「血のつながり」は欠かせないという暗黙の前提があります。しかし、「血」といっても、その成分は誰の血であっても同じです。もちろん、血液型という違いはありますが、だからといってA型の人はみな家族ということを意味するわけではありません。そういう意味では、「血がつながっている」とは、いったいどういうことを指すのでしょうか。これは決して、物理的な意味で、あるいは生物学的な意味で、同じ成分の血を親子で共有しているということを指しているわけではないのです。

にもかかわらず、私たちは「血のつながりがない親子」という表現に、どこかショッキングな印象をもってしまいます。近年では、離婚や再婚が以前より増えてきているので、親子の「血がつながっていない」という事態は、それほど珍しいものではなくなってきています。そういう状況のなかで、その当事者たちが、親子の血のつながりがないことをどこか、負い目のように感じてしまうのだとしたら、これほど窮屈な世の中はありません。

今日、生殖医療技術の発展により、体外受精や顕微授精などの生殖補助医療が普及してきました。この結果、生みの親と育ての親が異なるという現象は、これまで以上に起こりうる時代に入りました。たとえば精子バンクに提供された精子を使い、女性が子どもを産むことができるようになりました。不妊に悩む人たちや同性カップルにとっては朗報です。しかし、一方で、このような科学技術の発展は、私たちの固定観念——たとえば、血のつながりのない子どもは不幸だ——に揺さぶりをかけます。

こういう時代だからこそ、家族と血のつながりについて、人間社会全体を見渡すくらい広い視野からとらえ直してみる必要があります。

そもそも血のつながりのある家族こそが典型的であるという観念は、世界中どこでもあてはま

るものではありません。日本でさえ江戸時代までは、養子の多さを考慮に入れると親子関係にとって血のつながりが必然だとはそれほど強く考えられていない場合もありました。

この章では、文化人類学の知見を使いながら、家族とは何か、とりわけ家族にとっての血のつながりとは何か、ということを考えてみたいと思います。

2　核家族は普遍的か？

さて、家族を定義しようとすると、とても難しいことが分かります。みなさんにとっての典型的なイメージは、お父さんとお母さんと子どもがいる家族かもしれません。少し難しい表現をすると、家族とは「婚姻関係と親子関係によって構成される集団」だということになります。

アメリカの文化人類学者であるジョージ・マードックは、１９４９年に発表した著書『社会構造』のなかで家族をこのように定義し、家族の最小単位は「核家族」であると論じました。ひとりの父とひとりの母、そして子どもたちによって構成される集団が核家族です。マードックは「核家族は人間の普遍的な社会集合である」といいます。[*1]

マードックの研究の特徴は、通文化調査といって、世界各地の２５０の民族集団から集められた資料を駆使して、これらの集団の共通性を抽出したところにあります。これらの資料は親族、地域集団、結婚、性行動などさまざまな項目に分けられており、家族について知りたければ、その項目の情報を横断的に読み込んでいくことになります。

確かに、この地球上には**一夫多妻制や一妻多夫制といった複数の配偶者をもつ複婚家族**があります。また、**親と子どもたち、そしてその子どもたちの配偶者と子どもたちで構成される拡大家族（3世代家族など）**といったものもみられます。しかし、マードックはこのような家族形態は、そのなかに複数の核家族を内包しており、どの場合においても核家族の要素が見いだせると主張します。

また、マードックは核家族にみられる機能を、性・生殖・養育・経済の4つにまとめました。ここでいう性とは夫婦間の性的欲求の充足と規制、生殖とは子どもの出産、養育とは子どもの世話、経済とは共住共食と性別にもとづく労働分業を指します。

マードックは次のようにいいます。世界各地には夫婦関係にない者同士の性的関係が認められる集団は比較的頻繁にみられるものの、夫婦関係にある者同士の性的関係を否定している集団はありません。同様に、経済活動は家族外のメンバーとも行うのが一般的ですが、家族内のメンバーで協力して経済活動を行わない集団もありません。これは養育についても同じです。

このように個別に見れば家族外においてこれらの機能を満たすことはできますが、各家族内でこれらの機能の充足を否定している集団はないのです。一方で、祖先祭祀などの儀礼を核家族が担う場合はあるけれども、それは普遍的なものではありません。したがって、マードックは、核家族が担うのはこれら4つの機能なのだという結論に至ります。

この結論は現在の日本の核家族にもあてはまるように見えます。確かに現代日本にもさまざまな家族形態がありつつも核家族が最小単位であり、そこには性・生殖・養育・経済の4つの機能が見いだせます。

3　お父さんは家族にとって必要か？

夫婦と子どもたちで構成される核家族は普遍的な家族形態であるとするマードックの説には反論もあります。この説にあてはまらない家族形態がいくつもあるからです。そのうちもっとも有名なのは、インド西部ケーララ州に住むナーヤルというカーストの家族形態です。[*2] ナーヤルの事例が有名なのは、**彼らにとっての家族がひとりの母親とその兄弟、そして母親の子どもたちによって構成されている**からです。

夫が妻の家に通う「妻問婚」

「あれ、父親はどこいったのか」と思った人は勘がいいですね。**そうです、ナーヤルにとっての家族に父親は含まれないのです。**彼らの社会では日本語の「家族」に相当する現地語に、タラヴァートがあります。タラヴァートは数十人規模の母系親族の共住集団です。これには、「家族」や英語の「family」という訳語が当てられるわけですが、父親が含まれないということであれば、

図５：ナーヤルの妻問婚のしくみ

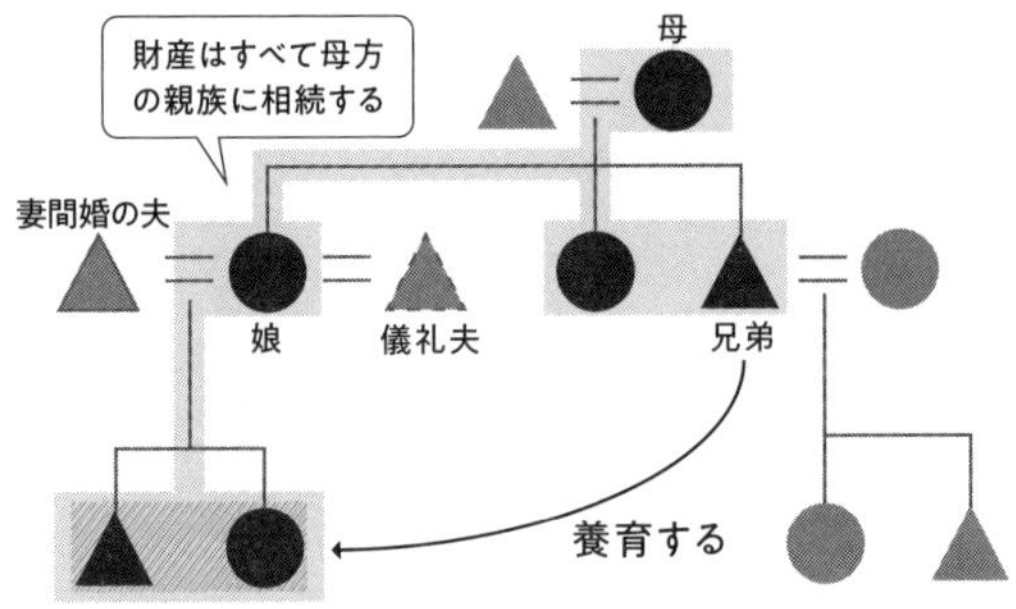

黒色が母系出自集団のメンバー
＊ただし、現在ではインドの民法にそぐわないため消滅している。

それは私たちがイメージする「家族」とは異なります。

では、彼らはどのようにしてこのタラヴァートを形成するのでしょうか。これを理解するには、「ターリ儀礼」と呼ばれる婚姻儀礼と「妻問婚」という婚姻形態を理解する必要があります。

この儀礼では、まずタラヴァートのなかで初潮を迎える前の娘たちが一斉に集められます。そして、ターリと呼ばれる金や銀のネックレスを首からかけられることで、娘たちはそれぞれ形式上の夫をもちます。その後、3日間ともに暮らした後、4日目に「夫婦」関係は解消されます。したがって、ターリ儀礼の後、娘たちはこの夫と一緒に暮らすことはありません。

一方で、ターリ儀礼を経験した女性は、この儀礼上の夫とは別に、複数の男性と性関係――サンバンタムと呼ばれる――をもちます。男性は夜間に女性の家に行き、朝には帰るという関係を維持します。

　そうして子どもが生まれると、その子どもは母親の親族集団に属し育てられます。このとき母親以外に子どもの養育を担うのは、妻問婚の男性や儀礼上の夫ではなく、母親のオジになります。つまり、ナーヤルは母系出自集団をもつ社会なのです。妻問婚の男性も儀礼上の夫もタラヴァート（=家族）の成員ではないので養育の義務はありません。それに対して、母親の兄弟（男性）はタラヴァートの成員であるため養育の義務をもつのです。

　ちょっとややこしいので「もしサザエさん一家が母系制だったら」という想定で考えてみましょう。

　ワカメちゃんにもし子どもが生まれた場合、その子の養育の義務を負っているのは誰になるでしょうか。それは、ワカメちゃんの夫ではなく、カツオになります。そして、カツオが別の家族の女性とのあいだに子どもができたとしても、カツオにはその子の養育権はありません。あくまでカツオのタラヴァートは磯野家なのであり、カツオの通い婚の相手の属するタラヴァートではないのです。

　このナーヤルのタラヴァートは、**生殖と養育が結びつかない「家族」**の事例です。マードックは家族の機能として生殖と養育を含めていました。しかし、じっさいこの広い世界には、生殖を必須としない家族が存在するのです。ただし、この家族形態は、インドの民法にそぐわないため、現在ではほぼ消滅しているといわれています。

マードックの名誉のために付け加えておきますが、マードック自身も『社会構造』のなかでナーヤルの事例について言及しています。しかし、それを知りつつも、マードックはどういうわけか、このなかにも核家族が見いだせると主張しています。*3 とはいえ、それはどうも説得力がないように思えます。

いずれにせよ、ナーヤルの事例を通して考えたいのは、**家族を構成するのに血のつながりのある父は必須なのか**、ということです。この事例のように生殖上の父親が必ずしも養育権を担うわけではない家族形態が世の中には存在します。

人類学では、精子を提供した生殖上の父親を**生物学的父（ジェニター）**、相続などの権利をもつ社会的に認められた父親を**法的父（ペイター）**と呼び、分けることがあります。

ウシさえあれば女性も「夫」になれる

ナーヤルの事例を知ると、生物学的父の役割ってなんだろうと思うかもしれません。子どもから見て両親との血縁関係があることを理想とする価値観をもっている人は多いでしょう。しかし、必ずしもそのような家族形態でなくても、社会はまったく崩壊することなく、子育ては成立します（ナーヤルのタラヴァートは現在では消滅しているとはいえ、その原因はインドの民法との不一致であるなら、それはあくまで外的要因による消滅です。ですから、このような外的要因がなければ、今日でもタラヴァートは続いていたかもしれません）。

生物学的父と法的父が分かれる家族形態の事例は、じつはナーヤルだけでなく、アフリカにもみられます。人類学を学ぶと何度も耳にすることになる、南スーダンを中心に住んでいる牧畜民ヌアーの例も挙げておきましょう。イギリスの人類学者エドワード・エヴァン・エヴァンズ＝プリチャードは、ヌアー社会にある「女性婚」や「死霊婚」、「レヴィレート婚」と呼ばれる珍しい婚姻形態について記述しています。

エヴァンズ＝プリチャードがフィールドワークをしたのは1930年代ですので、現在とは少し異なるとは思います。しかし、これらの婚姻形態は人類学のなかではとても有名で、マードックのいう核家族普遍説を否定する重要な事例になりますので、ここで紹介しておきます。

ヌアーはウシやヤギ、ヒツジなどの牧畜を営んで生活をしている人たちです。一般的に彼らは結婚する際、花婿側の家族が花嫁側の家族に何十頭ものウシを与えることによって婚姻関係が成立します。このような贈り物のことを「婚資」といいます。

エヴァンズ＝プリチャードが記述したヌアーの婚姻に関する興味深い事実のひとつが、このウシを贈る相手は必ずしも異性であるとは限らないという点です。ヌアーの婚姻関係を調べていくと、女性から女性に婚資が贈られている事例があったのです。これを「**女性婚**（**woman marriage**）」といいます。[*4]

どうしてこういった事態が生じるのでしょうか。エヴァンズ＝プリチャードは、女性婚をする女性は不妊の場合が多いといいます。[*5] 家族のなかに不妊の女性がいた場合、その女性は結婚相手

図6：女性婚のしくみ

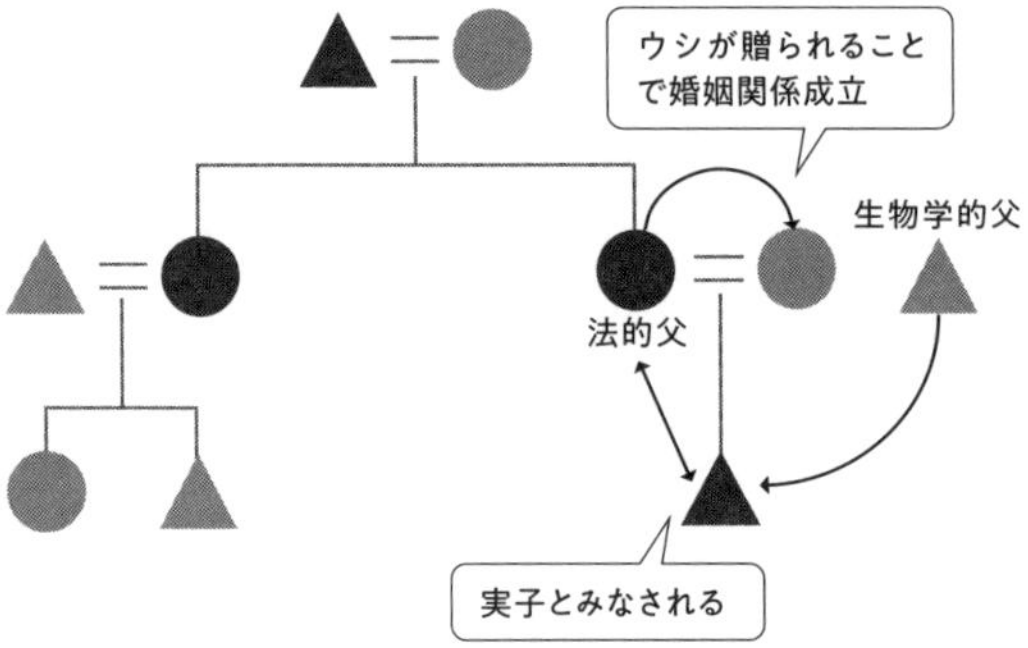

黒色が父系出自集団のメンバー

として選ばれません。一生結婚できないままになってしまいます。これを避けるために不妊の女性は、別の親族集団から妻を迎えるのです。

不妊女性は「男性（花婿）」の役割を担い、花嫁側の家族に婚資のウシを贈り、結婚が成立します。そして不妊女性の男性の親族を呼び、花嫁に子どもを産んでもらいます。

不妊女性は法的父として子どもたちを養育し、子どもたちは不妊女性のことを「父」と呼びます。

その後、子どもたちが大きくなり、娘がいた場合には適齢期に婚出します。このとき、不妊女性は娘の法的父として、娘の結婚相手の親族から婚資をもらいます。同時に、娘の生物学的父もこの親族から「実父の雌牛」が贈られるのです。

このヌアーの女性婚は、ナーヤルの場合と同じように、法的父と生物学的父が異なる事例です。生まれた子どもの養育権をもつのは、生物学的な父ではなく、

「夫」である不妊女性とその妻になります。このようにヌアー社会では、妻側に婚資であるウシを贈りさえすれば女性でも「夫」になるのです。

これもなかなかイメージしにくいので、サザエさん一家に置き換えてみましょう。仮にワカメちゃんが大きくなって不妊であることが分かると、波平さんはワカメちゃんを別の家の女性と結婚させます。ワカメちゃんは、子どもを産んでもらうためにカツオを呼び出し──生物学上の父（ジェニター）──その結婚相手の女性と性的関係をもってもらいます。そして、波平さんは将来的にワカメちゃんに財産を相続することになります。

このような結婚が成立するのは、婚資のウシさえ贈ることができれば、性別は関係ないというヌアー社会の考え方が前提にあります。

ここで重要なのは、珍しい家族形態があるものだと感心することではなく、まず核家族が普遍的な家族形態ではないという事実をしっかりと押さえることです。

核家族は普遍的ではない

以上2つの事例では、生物学的な父と法的な父が分かれています。まず、重要なのは、**どちらの事例も生物学的な父があまり重視されていない**ということです。血のつながりがなかったとしても子どもを育てることに抵抗感がないのです。[*6] こういう社会があることを知って、みなさんはどう思いますか。

冒頭でマードックの核家族普遍説を紹介しましたが、このように私たちの生きる世界のどこかには、生物学上の父が養育権をもたないといったようなマードックの家族の条件を満たさない家族形態が複数あります。

もう一点重要なのは、こうした家族形態がなぜ存在するのかということです。この答えをそれぞれの事例の社会的文脈のなかに位置づけて考えるのが人類学のものの見方です。

ナーヤルの場合、母系の系譜で財産が相続されるという慣習があります。生物学的な父が養育権をもたない家族形態は、こうした母系出自集団の維持と密接に結びついています。また、ヌアーの女性婚は、父系出自集団の相続の規則や婚資の支払いに関係していました。つまり、ナーヤルとは異なり、これらの婚姻形態は父系の系譜で財産が相続される慣習と結びついているのです。

もっとも、父系あるいは母系で財産を相続するから、生物学的父が不在の家族が生まれるということではありません。世の中には父系・母系といった親族集団がたくさんありますが、そのすべてがこれらの家族形態をもつわけではありません。つまり、相続の慣習と家族形態を因果関係で結びつける考え方は間違っています。

しかし、大事なのは、核家族普遍説を否定するようなナーヤルやヌアーの家族形態があったとき、当該社会のなかの別の要素とその慣習の結びつきを探究することによって、そこに一定の理屈を見いだすということです。**生物学的父が不在の家族は単に珍しい慣習なのではなく、彼らの社会にとって何かしら重要な意味をもっているということを理解する姿勢が大事になります。**

4 「生物学的父」と「法的父」という考え方

亡くなった未婚男性と婚姻関係を結ぶ「死霊婚」

エヴァンズ＝プリチャードが見いだした一見奇妙な婚姻形態は女性婚に限りません。もうひとつ多くの人に意外に思われるのが、**「死霊婚（ghost marriage）」**です。[*7] これは男性が未婚のまま亡くなった場合に行われる婚姻形態です。

ヌアー社会では、男性が未婚のまま亡くなった場合、この亡くなった男性と同世代あるいは次世代の親族は故人の名前で妻をもらいます。これが死霊婚です。たいていは故人の弟（独身者）が死霊婚を行います。はたから見ればふつうの結婚に見えるのですが、妻となった女性が産んだ子どもは法的には故人の子どもになります。しかし、養育するのは生物学的父のほうです。

子どもたちは生物学的父のことを「父」と呼ぶので日常生活のうえでは、一般の家族と何ら変わりはありません。しかし、子どもたちも故人の子であることを自覚している点で、やはり一般の家族とは異なります。

これもサザエさん一家でいえば、もし波平が未婚のまま亡くなっていたとしたら、波平の双子の兄である海平が波平の名のもとで誰かと結婚し、子どもを育てます。ただし、その子の法的な父親は波平になるということです。

なぜこのようなややこしいことをするのかというと、またもや先述した父系出自集団が関係しています。ヌアーの場合、ウシの相続権をもつのは男子のみです。しかし、男子が相続せずに亡くなってしまうと、その権利を行使できなかったとして、死者の霊が親族につきまとうとされます。こうした災禍をさけるために死霊婚があるのです。

私たちがこの事例から学べるのは、「本当のお父さん」は必ずしも生み育ててくれた父でなくてもよいということです。そもそもヌアー社会に「本当の父」という観念があるかどうか分かりません。しかし、この事例において、社会的に認められた「父」の地位は、死亡した男性のほうです。子どもたちからすると、直接血のつながりがなく、会ったこともない「父」になります。

死霊婚なんてふしぎなことをするのはヌアーだけだと思うかもしれませんが、そんなことはありません。じつは台湾には「位牌婚」というヌアーの死霊婚とほぼ同じ慣習があります。これは死亡した未婚の女性と生きている男性とのあいだの結婚を指します。生きている男性のほうは、位牌婚をした後、別の女性と結婚し、生まれた息子のうちひとりを、位牌婚をした女性の子どもにすることができます。これはヌアーとは男女が逆になっているパターンですね。

夫を亡くした女性が夫の兄弟と婚姻関係を結ぶ「レヴィレート婚」

さらに死霊婚のバリエーションのひとつに「**レヴィレート婚**」があります。[*8] これは夫を亡くした妻が、亡き夫の兄弟のうちの誰かと再婚するという慣習です。

図7：死霊婚とレヴィレート婚のしくみ

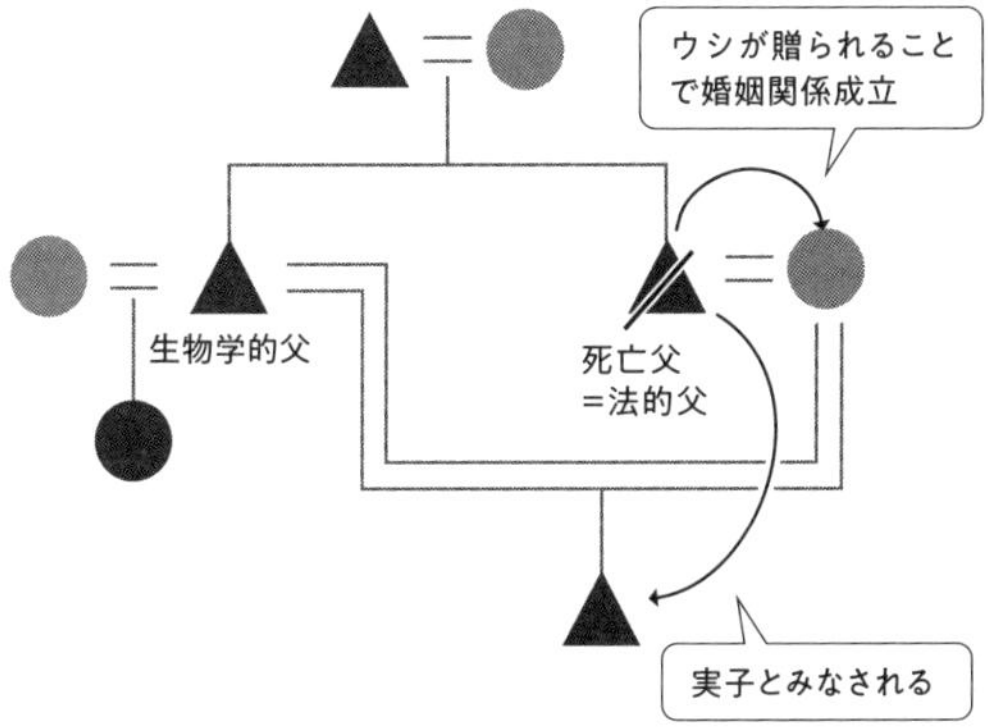

黒色が父系出自集団のメンバー

＊結婚時、すでに夫が死亡している場合は死霊婚。結婚後に夫が死亡し、その夫の兄弟と再婚した場合はレヴィレート婚。

ヌアー社会では、結婚の絆は死によって切断されることはないとされます。ですから、死別したからといって離婚して、もとの親族集団に戻ることはありません。[*9]

亡夫側の親族集団のなかにとどまり続けるのですが、妻がそのなかで生活できるようにするには亡夫の兄弟と「再婚」して、子どもを養育していくのが最適となります。[*10]

つまり、またサザエさん一家でいえば、波平が亡くなった場合、フネは波平の双子の兄である海平と再婚するということです。これにより、フネの親族は婚資の返却を免れることになります。

この場合も、生物学的父（ジェニター）と法的父（ペイター）が異なることになります。亡くなった夫の兄弟と再婚したとしても、その相手とのあいだにできた子どもは、亡くなった夫とのあいだの子どもとして社会的に認められます。したがって、男子の場合は亡くなった夫を介して財産が相続されることになります。この場合も死霊婚と同様に、「本当のお父さん」は直接血のつながりがなく、会ったこともない人になります。

じつはこのレヴィレート婚、戦時中や終戦直後の日本でもみられる現象でした。戦死者が多かったこの時代、夫が戦死すると、その夫の兄弟と再婚することで、女性とその子どもが路頭に迷わないようにした地域がありました。日本では「**逆縁婚**」や「**もらい婚**」といわれていました。これは、結婚という制度を使った相互扶助のひとつといえるかもしれません。

ちなみに、レヴィレート婚の男女の立場が逆のものを「**ソロレート婚**」といいます。夫が妻の姉妹のひとりと再婚する形態です。日本では「**順縁婚**」などといいます。

フィールドで見いだされた現象に合わせて概念を生み出す

これらの事例を検討することで見いだせる重要な点をひとつ挙げます。それは、ジェニター（生物学的父）やペイター（法的父）といった概念を作り出して、**個々の事例を超えて現象を理解する視点を獲得する**ということです。もしジェニター／ペイターという対概念がなければ、ナーヤルやヌアーの家族・婚姻形態の特徴がクリアに理解できないでしょう。したがって、人類学者はこのような概念を作り出して、当該社会について詳しくない人でも現象の特徴を理解できるようにします。

日本語には「生みの親」「育ての親」といった言い方はありますが、ジェニターとペイターという概念は、これとは少し異なります。死霊婚とレヴィレート婚では、生み育てた父（ジェニター）と相続の権利をもつ法的父（ペイター）が異なっていました。ですから「生み／育て」で分けるのではなく、「生物学的／法的」という区分けになります（逆に、母親の場合は、ジェニトリクス／メイターという対概念があります）。

私たちは日常的な言葉遣いのなかでジェニター／ペイターという表現を使うことはないのですが、この対概念があることで、さまざまな場面で起きている現象を他の社会の現象とつなげて、比較して理解を深めることができます。

たとえば、先述の通り、生殖医療技術の発展により、現代日本では体外受精や顕微授精などの生殖補助医療が普及してきました。このような医学の発達によって、生物学的父と法的父が異なる現象が以前よりも生まれやすくなっています。

無精子症の男性が結婚後に子どもを望む場合、別の男性の精子を使わせてもらい顕微授精を行うこと――非配偶者間人工授精――で、子どもをもつことができるようになっています。日本では、この場合、生まれた子どもは無精子症の男性の子になり、この男性の遺産を相続できることになります。[*11]

また、養子として生みの親とは別の親元で育つ子どもや、離婚後、しばらくして再婚した親のもとで育つ子どもなども、ジェニターとペイターが異なる場合があります。

ジェニターとペイターという概念を作り出すことで、多様な地域や時代のなかに両者が異なる現象を見いだせるようになります。**このように考えてみると、「本当の父親」とは、必ずしも直接血のつながりのある父でなければいけないというわけではないことが分かります。**生物学的なつながりのある親が本当の父であるという考え方は、決して人間社会のなかに普遍的なものではないのです。

5 血のつながりを問い直す

本章の冒頭で私は血のつながりのない親に育てられた子どもや、父親がいない子どもをかわいそうだと思う感覚は人間社会全体に普遍的なものなのかという問いを出しました。人類学者がこれまでに記述してきた多様な社会の事例をふまえると、この感覚は普遍的ではないかもしれないということが分かります。

性行為によって生まれた親子のつながりが重要だという考え方は、絶対的でも普遍的でもありません。私たちの住む世界には、「法的父（＝法の下の父）」が、「生物学的父（＝血のつながった父）」よりも重視される社会もあるのです。

こう考えると、養子や里親、非嫡出子（＝法律上の婚姻関係の外側で生まれた子ども）といった言葉に、どこかネガティブな印象を読み取ってしまうのはなぜでしょう。私たちは、小さい頃からさまざまな映画やドラマを通じて、里親によっていじめにあう子どもたちを観てきました。

たとえば、ディズニー映画はその典型ですね。『シンデレラ』は継母に虐げられる話ですし、『塔の上のラプンツェル』は育ての母に自由を奪われる話です。**こうした作品は、血のつながりのある親子関係が理想的なものであるというメタメッセージを伝えます。**メタメッセージというのは製作者の意図があるかどうかにかかわらず、作品の受け手が自然と受け取ってしまうメッセージです。

私たちはディズニー映画のような創作だけでなく、日々伝えられるニュースを通しても、こうしたメタメッセージを読み取ってしまいます。児童虐待のニュースでは、ときに虐待された子は母親の連れ子――前夫とのあいだにできた子――だったりします。こういう痛ましいニュースは、私たちの印象に残りやすいわけですが、そこでも虐待された子どもが実子ではないということが報道されると、「実の親なら虐待しないだろう」というメタメッセージが伝わってしまいます(もちろん実の親なら虐待しないかどうかは分かりません)。

前章で親族と集団の話をした際、江戸時代の日本社会に広まった「家」は血縁関係のある家族以外に養子や奉公人も含まれるといいました。

しかし、同時に、江戸時代中期から武家の養子は血縁者からもらいうけるのが望ましいとする考え方が現れました。この考え方が次第に一般化し、血縁関係で結ばれた家族が理想とされるようになったのです。[*12]

つまり、日本では血縁でつながる単位として家族が社会的に重要な位置づけを与えられたのは、それほど昔ではなく、江戸時代後半になってからなのです。

本章で取り上げた家族形態や婚姻形態から、**私たちは普段気づかないところで「文化」に縛られて生きているということが見えてきます。**血のつながりのある親子によって構成される家族が理想的なものだという暗黙の前提――つまり、あたりまえ――を私たちは気づかないうちに刷り込まれています。こうした観念こそが、本書でいう「文化」なのです。

今日では不妊治療など生殖補助医療が盛んに行われてきています。こういった医療技術の発展により、親子関係は新たな局面を迎えています。ナーヤルやヌアーの社会と同じように、私たちの社会もまた生物学的父と法的父の分離が一層加速することになるでしょう。このとき、親子関係や夫婦関係のあり方を固定的にとらえてしまうことが、こうした当事者の生きづらさを生み出してしまう恐れがあります。文化人類学の知見は、これらの多様な関係を認めていくことが大切であるということを教えてくれます。

＊1　マードック、G.P.『社会構造――核家族の社会人類学〔新版〕』内藤莞爾監訳、新泉社、２００１年、24頁。

＊2　ナーヤルの家族や結婚については多数の文献があります。ここでは人類学者によってまとめられた最初期の論文と、比較的よく言及されている論文の２本を挙げておきます。

Panikkar, K.M.（1918）Some Aspect of Nāyar Life. *The Journal of the Royal Anthropological Institute of Great Britain and Ireland*. 48: 2 s 54-293.

Fuller, C.J.（1975）The Internal Structure of Nayar Caste. *Journal of Anthropological Research*. 31（4）: 283-312.

なお、後者の論文ではナーヤルのなかでも家族や結婚の慣習には地域差があると記されています。

＊3　マードック、前掲書、26頁。

＊4　エヴァンズ＝プリチャード『ヌアー族の親族と結婚』長島信弘・向井元子訳、岩波書店、１９８５年、１６５－１６６頁。

＊5　前掲書、１６６頁。

＊6　前掲書、１８５頁。

＊7　前掲書、１６７－１７１頁。

＊8　前掲書、１７１－１７７頁。

＊9　夫が亡くなっても妻が夫側の親族の一員としてとどまるのは、妻が実家に戻った場合、婚資として受け取ったウシを返却しなければならないからだと思われるかもしれません。しかし、エヴァンズ＝プリチャードによれば、婚資の返却はそれほど困難ではないといいます。前掲書、１４６頁。おそらく自分の子どもが夫側親族の帰属とされるから

だと思われます。

＊10　「再婚」といっても亡夫とのあいだには婚姻関係が成立したままなので、この表現は正確ではありません。エヴァンズ＝プリチャードによれば、ヌアーの人びとはこれを「結婚する」とは言わず、「兄弟の妻に小屋を与えた」と表現します。前掲書、172頁。

＊11　細かい話ですが、民法第772条の「嫡出推定」によります。妻が婚姻中に懐胎した子は夫の子と推定するというものです。精子提供者が誰であっても法的には夫の子になるのです。

＊12　西田知己『血の日本思想史――穢れから生命力の象徴へ』ちくま新書、2021年、169-180頁。

第3話
贈り物と負い目

なぜ贈り物をもらったら、お返しをするのか？

みなさんは、なぜ贈り物をもらったらお返しをするのでしょうか。毎年2月14日は、バレンタインデーです。この日、チョコレートを贈る人は、贈りたいから贈るのであって、誰かに強制されているわけではありません。贈りたい人は贈ればいいし、贈りたくなければ贈らない。あくまで自発的に行うものです。

しかし、チョコをもらった人は、ふつう1か月後のホワイトデーのときにお返しをするはずです。贈った物に対してお返しが来るというのは、何もバレンタインに限った話ではありません。みなさんにはあまりなじみがないお中元やお歳暮だって同じです。もっとささやかに友人に昼食をおごるという行為でも同じです。ここでは昼食が贈り物と同じ意味をもっています。

1　贈り物のふしぎ

私は結婚したとき、たくさんのお祝いをもらいました。後日、「半返し」といって、もらったお祝いのだいたい半分くらいの金銭的価値の品物をお返ししました。この「半返し」という習慣はおもしろいですね。私も若い頃は知りませんでしたが、わざわざ半分の価値の品物を返すんです。でも、なんでこんなことをするのでしょうか。

私たちは贈り物をしたら、いずれお返しがあることを何となく期待しています。もちろん、些細な少額のものについては返さないことがあるかもしれません。しかし、返すのがふつうという常識があります。これはよく考えると変な話です。贈り物はあくまで自発的に行うものであって、「お返しなんていいですよ」という態度を表に出します。贈り物をするときに「お返し期待しているよ」なんて言ったら（冗談で言う人はいるかもしれませんが）、ちょっと失礼ですよね。

これがなんで失礼なのか。簡単なことです。**あからさまなお返しの期待は、「贈る」という自発的な想いを、ただの物々交換にしてしまうからです。**物を贈るとき、私たちはあからさまな物々交換にならないように、配慮して自発性を装っているともいえるわけです。なんでこんなことをしているのか。ますますふしぎになってきますよね。

2　首飾りは時計回り、腕輪は反時計回り？

このふしぎさをもう少し深めて考えるために、私たちとは異なった社会に目を向けてみましょう。舞台は日本のほぼ真南にあるニューギニア島の東端のほうにあるトロブリアンド諸島です。このトロブリアンド諸島には、人類学者であれば誰でも知っている「クラ」と呼ばれる慣習があります。

マリノフスキーが記した「クラ交換」

なぜ人類学者であれば誰でも知っているのか。「クラ」のしくみを詳細に記述した『西太平洋の遠洋航海者』（1922年刊行）が人類学の古典として読み継がれてきたからです。[*1] 著者であるブロニスワフ・マリノフスキーは、1915年と1917年の2回、合計約2年かけてトロブリアンド諸島でフィールドワークを行いました。このときの彼のフィールドワークの手法は、現代の人類学者にも引き継がれています。

クラとは現地のトブリ一語という言語で「**交換**」を意味します。でも、この交換のしくみは、私たちが考える物々交換とはちょっと違います。クラはあくまでクラなのであって、単純に「交換」と訳してしまうと、私たちからは一見奇異に見えるこの慣習の大事な部分を見落としてしまいます。

図8：クラの環

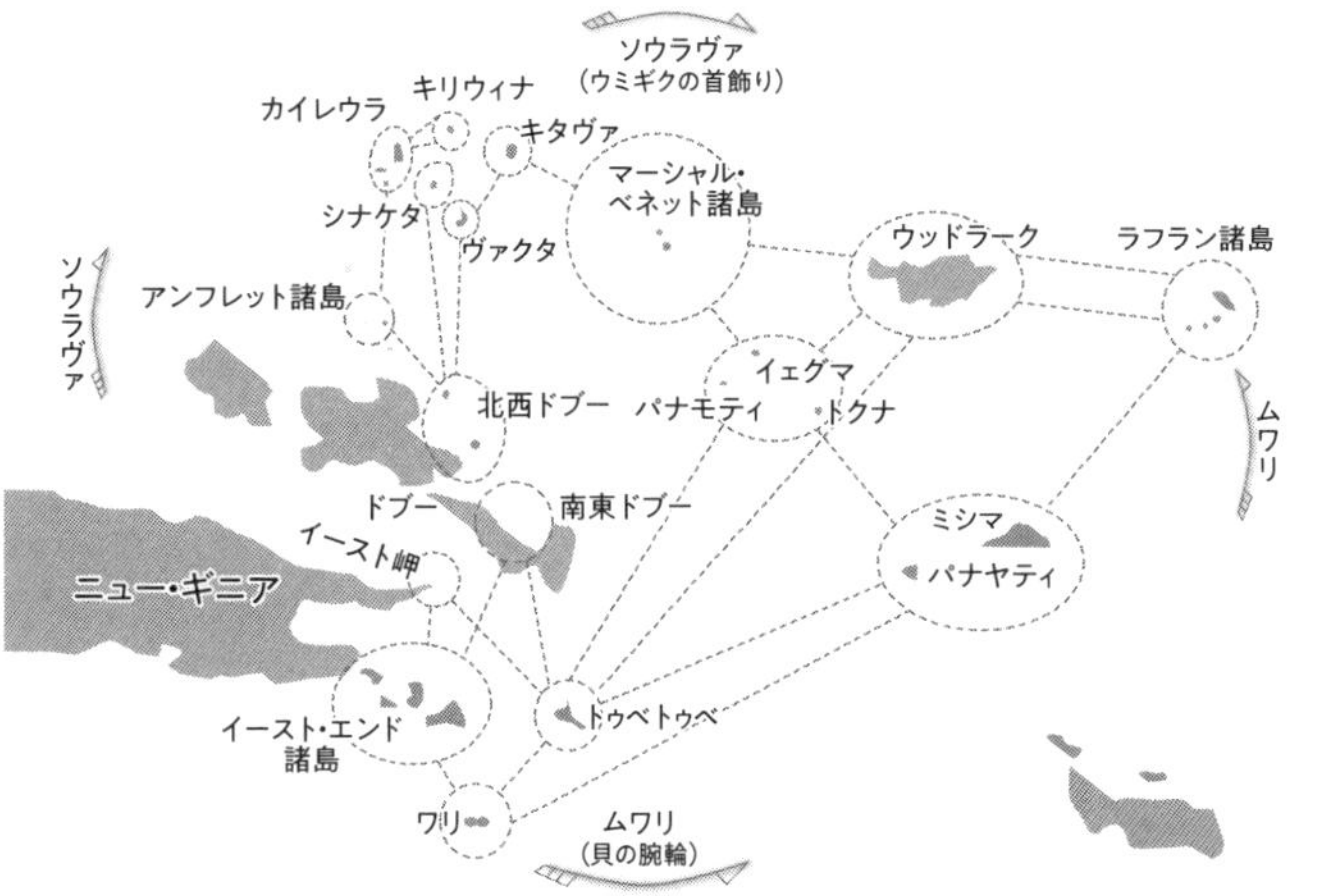

出所：マリノフスキー（2012：122）*1をもとに著者作成

では、具体的にクラとは何かを見ていきましょう。トロブリアンド諸島は図8の上側のキリウィナなど4島で構成される島々です。クラとは、これらの島々を含む図8上の島々に住む人びとがソウラヴァとムワリと呼ばれる装飾品を贈り合う慣習です。

マリノフスキーが発見したもっとも興味深い点は、「赤い貝の首飾りであるソウラヴァは時計回りに、白い貝の腕輪であるムワリは反時計回りにまわること」を発見したところにあります。贈り物を贈り合っている当事者にもなぜその方向にしか回らないのか説明はできません。昔からそうだったからとしかいえないのです。この装飾品を贈られた者は、時間をあけて、逆回りに回ってきたもうひとつの装飾品を贈り返すことになっています。しかし、肝心なことは、この装飾品の贈り合いが、なぜか分からないけれども絶えることなく延々と続けられ、じつは今日でも行われているという事実です。

クラはたいへん盛大に行われます。島には一般人と首長がいて、一般人は数人、首長クラスは数十から数百人のクラのパートナーがおり、過去にムワリ（あるいはソウラヴァ）を与えた隣の島のパートナーのもとにソウラヴァ（あるいはムワリ）を受け取りに行きます。このためにわざわざカヌーから作り始めて、荒波にもまれながら命がけで航海するのです。贈る方は盛大に歓待し、食事や宿を提供します。

装飾品をもちつづけるのは「ノロい奴」

では、どのようにムワリやソウラヴァを贈り合っているのか。ここではキタヴァ島というある島——図8の上側にある小さな島——の首長の視点から見てみましょう。

キタヴァの首長は以前の航海で譲り受けたたくさんの腕輪をもっています。首長だけでなくこの島の住民も同様にそれぞれ腕輪をもっています。この情報を聞きつけた西隣のキリウィナ島の人たちは首長を中心にカヌーの船団を組んでキタヴァ島にやってきました。キタヴァの首長はすでにこの話を聞きつけており、キリウィナの船団が来るのを待っていました。

キリウィナの来訪者たちは、キタヴァ島に上陸すると盛大な歓迎を受け、村に泊まり、各々の

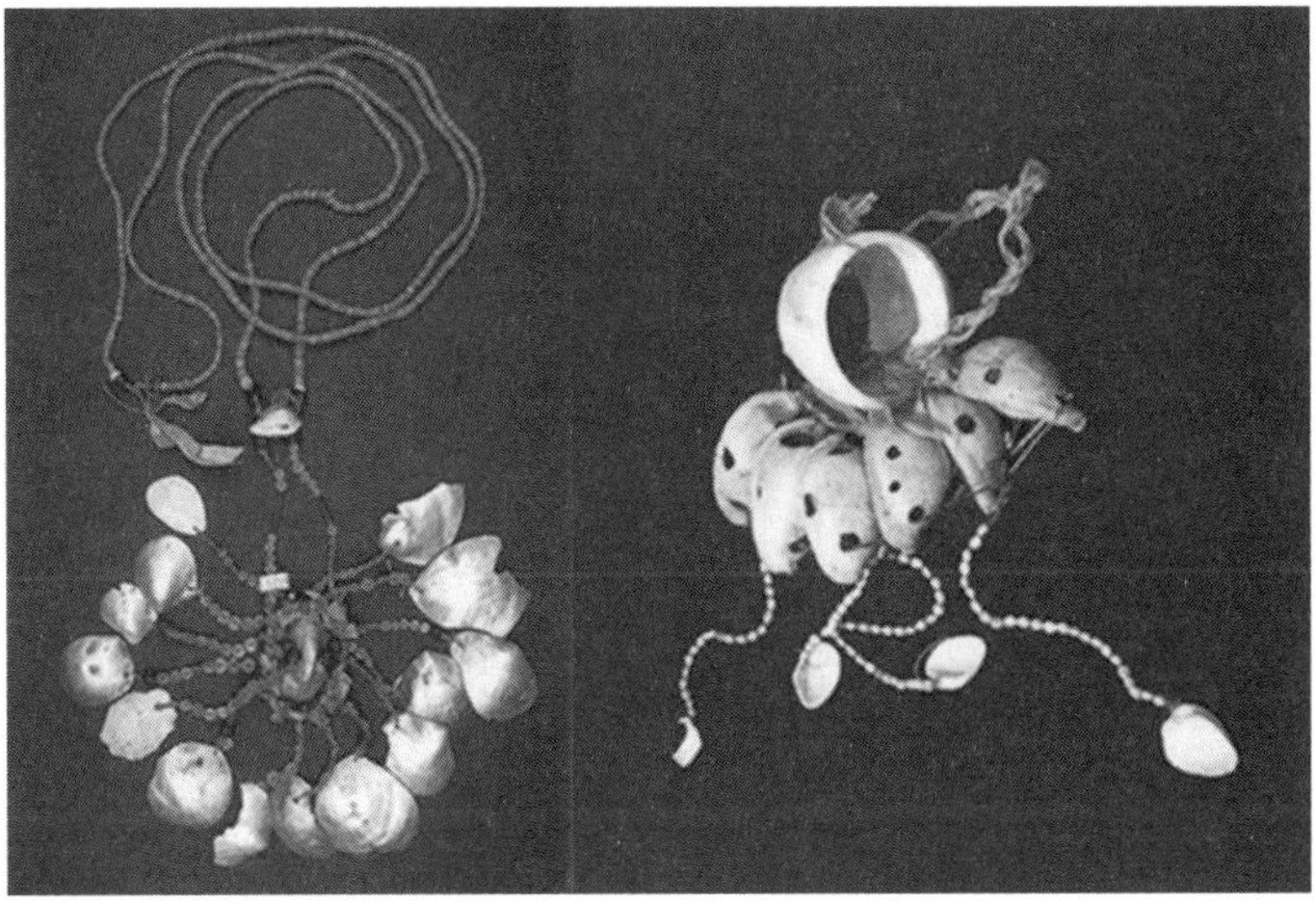

赤い貝の首飾り＝ソウラヴァ　白い貝の腕輪＝ムワリ
（https://liberal-arts-guide.com/kula/）

パートナーを見つけ、腕輪をもらう交渉をします。1週間ほどの滞在の最終日、島の広場に全員が集まって、キタヴァの人びとはキリウィナのパートナーに腕輪を渡すのです。

約1年から数年のうちに、キタヴァの人びとはキリウィナ島に首飾りが到着したことを聞きつけます。そこからカヌーを建造し、しかるべきときが来たらカヌーの船団を出し、キリウィナ島に向かいます。キタヴァの人びとはキリウィナ島で歓迎を受けつつ、腕輪を渡したパートナーを見つけ、今度は首飾りをもらう約束を取りつけるのです。

キリウィナの人びとから首飾りをもらったキタヴァの人びとは、しばらくすると今度は反対方面の島から来る人びとにその首飾りを贈るのです。

クラはざっくり説明するとこのような過程で行われ、首飾りや腕輪が島々のあいだを延々と循環していくのです。ただし、じっさいはこのようにスムーズにいくものばかりではないようです。じつは1971年に「すばらしい世界旅行」という日本のテレビ番組の企画で、取材チームが3か月にわたって現地でクラの航海に同行しました。

この番組のなかでは、現地の人びとが想定外の出来事に見舞われる様子が描かれています。首飾りが隣の島に到着したという話を聞きつけた現地の人びとは、カヌーの船団をつくりその島に向かったところ、まだ首飾りは到着しておらず、「首飾りはどこだ」という話になりました。そして、その島の人たちと一緒にさらに遠くの島まで出向き、首飾りのありかを探します。カヌーが出港して、もとの島に戻るまでじつに3か月の月日が流れたようです。まさに、珍道中ですね。

いずれにせよ、クラは現地の人びとにとって一大イベントです。そこには彼らの社会を成り立たせる重要な要素が含まれています。それは、**腕輪や首飾りの保有が、人びとの名声を高めることになる**という点です。

これらの装飾品にはさまざまな種類があり、有名なものには固有の名前がついていて、それなりのいわれがあります。たとえていうなら、同じ茶碗でも千利休が使った茶碗だととてつもなく高価なものになるといった感じでしょうか。その一方で、名もない低級品もたくさんあります。そういうものであっても、これらの装飾品は日常的に使われることはなく、大規模な儀礼のときだけ身につけられるという特徴があります。首飾りと腕輪は、もっているだけで名声が高まるわけです。

しかし、興味深いことに、**これらの装飾品をずっともち続けていると、その人は「ノロい人」といって揶揄されます。**もっていれば名声が保てる一方で、もち続けていると名声を失うという、なんとも厄介な性質のものです。

マリノフスキーはこの首飾りや腕輪を、ヨーロッパの王様がもっている家宝みたいなものだと喩えるのですが、家宝は特定の王家が代々引き継ぐことになるので、一定期間をおいて誰かに贈られるわけではありません。だから、彼はヨーロッパ人は貴重な装飾品を所有し続けるけれど、トロブリアンド諸島の人びとは個人がずっと貴重な品をもち続けることを忌避するといい、両者の所有観の違いを説明しています。[*2]

物々交換のようにしてはならないクラ

マリノフスキーが説明するクラについてのもうひとつ重要な点は、クラには物々交換とはまったく異なる作法がみられるということです。[*3] クラを行う際には、ギムワリと呼ばれる物々交換も同時に行います。ギムワリの対象となる物品は、ヤムイモやココナツといった食料品やバスケットや布などの日用品、農具や漁具といった道具など、じつにさまざまです。これは値切り交渉ができるなど、私たちが考える商業的な交換と同じものです。

しかし、クラにはギムワリと同じように物と物の交換という側面はあるものの、首飾りと腕輪をその場で同時に交換するということは忌避されます。効率性を考えれば、お互いがそれぞれ腕輪と首飾りをもらった時点で、両者の中間点あたりでおちあって交換するほうが、無駄がなくていいですよね。でも、こういうことをすると人びとは「ギムワリのようにクラをした」といって揶揄されるのです。あくまで**一定の時間差をおいて贈り合うことがクラの本質**だということです。

また、クラがギムワリと異なる点として、クラでは値切り交渉のように価値についての交渉はできません。

ギムワリの場合、豚肉1キロに対してヤシの実5個のような形で、交換レートが決まっており、それはヤシの実であろうと、バナナの葉であろうと等価であれば何でも交換できます。

一方、クラの場合、腕輪や首飾りにはさまざまな価値のものがあるといいましたが、だからといって「この首飾りは俺のあげた腕輪の半分くらいの価値だから、首飾りを2個くれ」という話にはならないのです。クラでは、**同等の価値の腕輪に対しては、同等の価値の首飾りでなければ贈り合いができない**ことになっています。

確かにトロブリアンド諸島の人たちは「俺のあげた腕輪より、この首飾りは価値が低いじゃないか」という価値比較の話をすることがあります。しかし、そのような場合でも、「今回は同じ価値の首飾りをもっていないから、今回はこれで許してくれ。将来的に同等の首飾りが手に入ったら贈るよ」といった形で、場つなぎ的に低い価値の首飾りをもらっておき、将来的に同等の価値のものを受け取る約束をするのです。

このように〝極めて細かな贈り合いの作法が決まっている〟のがクラです。こういう贈り合いの作法は、どことなく私たちのものに似ていることに気づきます。ご祝儀の額や包み方、お返しの仕方などの例を挙げるまでもなく、私たちも贈り物をする場合には「作法」があります。

では、こうしたクラという交換の慣習がどうして行われているのか。マリノフスキーは明確にひとつの答えを出しているわけではありません。しかし、彼の詳細な記述から導き出されるのは、**友好関係の構築に寄与している**ということです。もちろん当事者たちがこれを意図して装飾品を贈り合っているわけではありません。よく観察してみると、この贈り合いのなかで島同士の人びとが盛大な儀礼をして交流することで、定期的な島同士の関係が維持されます。

3 贈与＝交換

このような贈り物の意味について、もう一歩深めて考察したのはマリノフスキーとほぼ同じ時代に生きたフランスの人類学者マルセル・モースでした。

モースはフィールドワークこそしなかったものの、現代の人類学で議論されている、供犠や人格、身体技法など数々の論点を見いだした重要人物です。なかでも彼が1925年に発表した『贈与論』は、マリノフスキーの著作と同様に、人類学者であれば誰でも知っている古典のひとつです。[*4] モースはマリノフスキーの発見したクラ交換を高く評価しました。これはおもしろい現象だ、というわけです。どうしてか。

モースはクラ交換を例に、贈り物もじつはよく観察してみると、時間差をもつ「交換」なんだと考えました。私たちは一見、自発的に贈り物をしているようで、俯瞰してみると、それは一定期間をおいてまた返礼品が贈り返されるわけですから、交換になっているというのです。モースは「贈与交換」という概念を用いて、贈与はお金と商品の交換のような「市場交換」とは違うけれども、これらはどちらも交換という大きな現象の一部だと位置づけたのです。

こうして贈り物も売買も交換というひとつの現象として見ることで、贈り物の性質が明確になります。

私たちはスーパーやコンビニでほしい商品を買うときは、それを売ってくれる人が誰であってもいいわけです。店員が見ず知らずの相手であっても、お金さえ払えばほしい商品が手に入ります。

一方、贈り物の場合、贈られる相手が誰であってもいいというわけではありません。必ず「誰々さん」という明確な対象があってはじめて、チョコレートや装飾品は贈答品になります。そして、贈り物を贈られた人はその場で現金を払うなどということは決してありません。もしそんなことをしたら、贈り物だとされたものはすぐさま市場交換になってしまいます。きっと周囲の人は「それはおかしい」というでしょう。ここには一定の決まり事があるわけです。

重要なのは、その場で現金あるいは別の品物を渡さず、時間をおいて返礼品が贈られる点です。

やはりお返しがないと贈った人は「変な感じ」になります。もらったその場で返されるわけではないけれども、時間をおいて返される。これも私たちが何となく共有している決まり事です。

こうして「贈与交換」と「市場交換」を比べてみると、商品とお金のやりとりと同じように、物と物の贈り合いにも一定のルールが共有されていることが分かります。このルールはクラ交換であっても、私たちが行うバレンタインデーやお中元・お歳暮であっても、それほど大きな違いがないことが分かります。

このように俯瞰してみると贈り物が交換になっているという現象は、世界中のあらゆる場所でみられるのではないかという仮説を立てた点こそ、モースの主張の核心になります。トロブリアンド諸島のクラ交換と私たちのお中元・お歳暮は、現象としてはかなり違います。私たちは命がけでお中元の品を親しい相手に手渡しするということはないですよね。でも、これまで述べてきたような、贈るべき相手が誰でもいいというわけではないとか、時間をおいて返礼品がもたらされるといった特徴は、クラ交換でも私たちのお中元・お歳暮でも同じです。

4　贈与は「負い目」を生み出す

しかし、どうして私たちは、そしてトロブリアンド諸島の人たちは、贈り物に対して返礼品を贈るのでしょうか。

最初のほうで述べた通り、贈る方はあからさまにお返しを明言しませんし、それをいったら贈り物ではなくあからさまな交換になってしまいます。クラであっても、贈った腕輪に対して、慣習的には首飾りの返礼がいずれもたらされることは知っていたとしても、返礼品の価値や返礼の時期について両者が話し合って合意するわけではなく、贈ったものに対して、いずれ返礼がもたらされるだろうという漠然とした期待だけがあります。マリノフスキーも「クラとは儀式的に贈り物を与えることだ」と明言しています。[*5]

負い目と「ハウ」

モースがいっていたのは、確かに贈与は交換に見えるけれど、それは観察者が見たレベルにおいて交換になっているということです。ですから、少なくとも当事者同士では交換であることを明示しません。

にもかかわらず、私たちはお返しがないと変だと感じてしまいます。それはどうしてでしょうか。そもそも贈与は、自発的に何かを誰か特定の人に与えるという意味ですから、当人が贈与として認識している状況では誰でもお返しをあからさまに要求したりはしません。

しかし、それでも受け取った相手が一種、義務であるかのようにお返しをするのは、「負い目」という感情に関わっているのではないかと考えられます。物を贈るという現象は、それと同時に相手に「負い目」を与えてしまいます。では、そのまま同じ人が一方的にずっともらい続けているると、どうなるでしょうか。もらっているほうは「申し訳ない」という気持ちがずっと蓄積されてしまうでしょう。ときにこの関係は、相手を支配するものに転化してしまうかもしれません。

もっとも、親子関係であればそもそも対等ではないので、親が子どもに小遣いや誕生日のプレゼントをあげ続けても、子どもは申し訳ないとは思わないでしょう。しかし、これが友人同士のような対等な関係の場合はどうでしょう。いつしか、もらい続けているほうは、与えている人の言うことを聞かなきゃいけないとか、相手に逆らえないなと感じてしまうのではないでしょうか。

「負い目」という表現は日本語ですが、贈り物にはほぼ必ず返礼があるという現象は、日本だけのものではありません。では、他の言語にはこの「負い目」に相当する言葉はあるのでしょうか。

ニュージーランドの先住民マオリの世界では、贈り物には「ハウ」という霊的な力が宿っていると考えられています。モースはこのハウの興味深い特徴について記しています。

「ハウは贈られる品物にくっついて人びとのあいだを移動していくものの、いずれ元の贈り主のもとに帰りたがる」――モースはマオリの文献のなかから、この特徴を見いだし、贈り物への返礼を促す力だとしています。贈り物をもらった人はハウに取り憑かれてしまい、いずれお返しをしてハウをもとに戻すことになる、といった感じでしょうか。

どうもマオリの人びとにとってのハウは、私たちにとっての負い目とどこか通じるものがあるように思えます。負い目も、私たちの心に取り憑いて離れない何らかの力のように感じられるからです。

ハウを「贈与の霊」と解釈し、「霊」などという言葉を使うと、私たちと縁遠い感じがしてしまいます。しかし、貴重な物をもらったときに感じる妙な感情は、それぞれの地域や言語圏のなかで培われてきた世界観によって、どう表現されるかが異なってくるわけです。

ハウと言おうが、負い目と言おうが、返礼を促す力があることによって、贈り物は人間関係を構築することになるのです。

贈与から負い目への転換

贈り物はこのように人間関係をつくることに寄与する一方、ちょっとバランスを崩すと、主従関係をつくってしまう、危うい性質をもっています。人間は贈与がこうした危うい性質のものであることを、直感的によく知っています。

トロブリアンド諸島の人たちも、ムワリやソウラヴァをずっともっているのはよくないことだと考えていました。これは、装飾品をもらったことによって生じる「負い目」のような感情を長く蓄積させずに払しょくさせる効果をもちます。贈る回数と受け取る回数が同じくらいになることによって、その社会のなかでの人間関係のバランスが保たれるのです。

逆にいうと、誰かを支配したいときは、どんどん物をあげればいいのです。みなさんにはなじみがないかと思いますが、政治の世界ではときどき賄賂が問題になります。賄賂とは、取引の現場で自分たちに有利に物事が運ぶように、隠れて意思決定者に贈答品や現金を与えることです。こういう行為は、公平な取引を阻害しますから当然禁止されています。しかし、この賄賂という現象は世界中でなかなかなくならないのです。それはみな贈与によって人をコントロールできることをよく知っているからです。よほど強い力で禁止しない限り、この人間の習性はなかなか止めることができないでしょう。

こうして「贈与による人の支配」という側面に注目すると、私たちの贈答文化も違った見方ができるようになります。たとえば、私たちは「つまらないものですが」と言って贈り物を渡すことがあります。あるアメリカ人が「つまらないものを人に渡すなんて、なんて失礼なんだ」と言っていたのですが、他の文化圏の人はこの何気ない発言をネガティブにとらえてしまいがちです。

しかし、私たちは何とも思いません。本当に中身が「つまらないもの」だとは思っていないからです。こんな一見、変な言い方をするのは、もしかしたら相手に負い目を感じさせないようにする暗黙の技法なのかもしれません。「つまらないものです」と言って自分の渡すものの価値を表現上であっても下げておけば、相手は気負わずに受け取れるでしょう。逆に「こんなに素晴らしいものを買ってきたのでぜひ受け取ってください」と言われたら、今度お返しをするときにそれに見合ったものを贈らなくては対等な関係を維持できないので、当惑してしまうでしょう。

同じように結婚式の「半返し」という習慣も、完全にお返しするまでには時間がかかるけれども、半分くらいの価値のものを先にお返ししておけば、あまり気負わずに過ごせるようになります。結婚式のときは、たくさんの人からお祝いをもらうので、そのまますべての人へのお返しのタイミングを待っていたら、センシティブな人は気疲れしてしまうかもしれません。そういう意味ではよくできたしくみです。

このように贈り物に付随する「負い目」の感情は、人間関係のコントロールに結びつきます。私たちはこの負い目の感情を解消するためにさまざまな技法を無意識のうちに発展させてきました。この技法は、文化によってやはり違った形で表れるのです。

負い目を回避する暗黙の技法

この負い目を回避する技法は、何も日本社会のなかだけに見いだせるのではありません。文化人類学者の松村圭一郎は、アフリカの狩猟民や牧畜民のなかにも、私たちとは異なった意外な形で、負い目を解消する技法が見いだせるといいます。[*6]

ムブティと呼ばれるザイール（現コンゴ民主共和国）東部に住む狩猟民は、集団で猟に出るのですが、よく獲物が獲れる場所が分かっていても、あえて別の人と猟で使う網の位置を交代します。こういった行動によって、特定の誰かが与え手になり続けることで生まれる権威を慎重に回避しているのだと考えられています。[*7]

また、ムブティは狩猟者が仕留めた獲物の価値をさかんに貶める発言をします。たとえば、あるハンターが仕留めた獲物を回収しにいった仲間は「こんな骨の塊をもって帰るためにわれわれ

図9：「負い目」の発生を回避する技法（ムブティの事例）

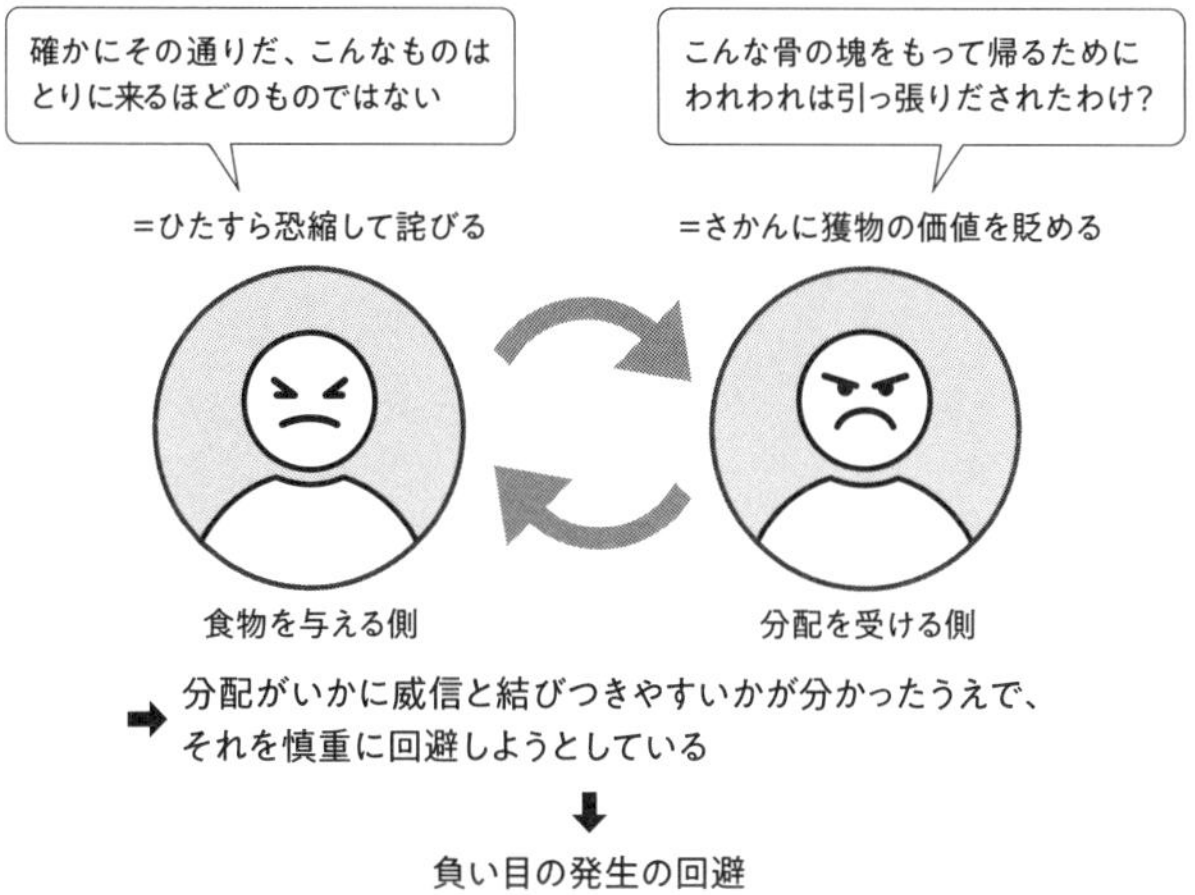
確かにその通りだ、こんなものはとりに来るほどのものではない
=ひたすら恐縮して詫びる
こんな骨の塊をもって帰るためにわれわれは引っ張りだされたわけ？
=さかんに獲物の価値を貶める
食物を与える側
分配を受ける側
分配がいかに威信と結びつきやすいかが分かったうえで、それを慎重に回避しようとしている
負い目の発生の回避

は引っ張りだされたわけ？」と文句を言います。一方のハンターも怒るわけでもなく、「確かにその通りだ。こんなものはとりに来るほどのものではない」と応答します。[*8]

そんな文句を言うなら来なくていいと言いたくなりそうですが、彼らはそういう態度をとりません。どういうわけかハンターの立場のほうが弱いのです。

先ほど述べた通り、誰か特定の人物だけが与え手になり、残りの人たちが受け手になるのであれば、与え手の権威が増し、受け手は負い目を抱き続けることになります。

松村によれば、ムブティはこのことをよく知っていて、与え手の権威の発生を回避し、負い目が一方的にならないように配慮しているのだと解釈しています。

次に、トゥルカナというケニア北西部の牧畜民

図 10 :「負い目」の発生を回避する技法(トゥルカナの事例)

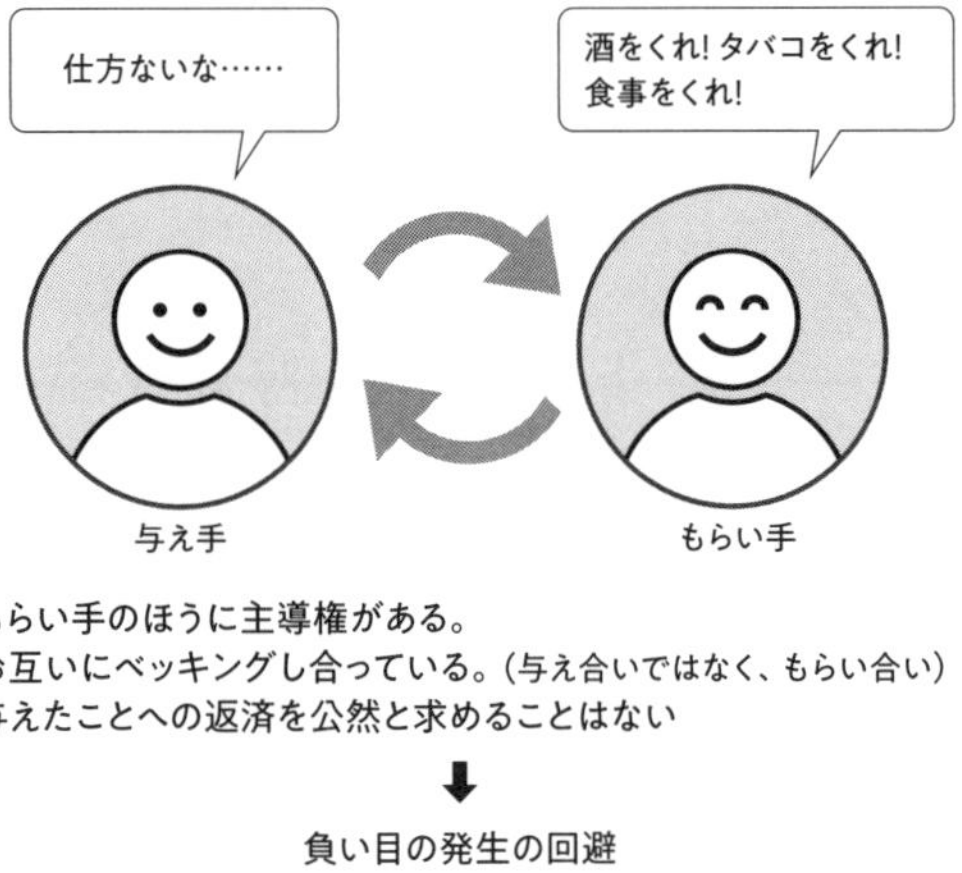
仕方ないな……
酒をくれ! タバコをくれ!
食事をくれ!
与え手
もらい手
もらい手のほうに主導権がある。
お互いにベッキングし合っている。(与え合いではなく、もらい合い)
与えたことへの返済を公然と求めることはない
負い目の発生の回避

の事例を見てみましょう。

　トゥルカナの場合、ムブティよりずっと過激です。以下の例はトゥルカナを調査していた人類学者の太田至が自身の経験をもとに記したものです[*9]。トゥルカナは、太田が持っているさまざまな物を、つねに「くれ!」「くれ!」と言います。子どもから大人まで太田のもとにやってきて、噛み煙草や食事、酒など、あらゆるものをほしがり、当然のように受け取っていきます。あるとき、太田は自分が日本人でたくさん物をもっていたからではなく、トゥルカナ同士でも同じことをしていることに気づきます。太田はこの「くれくれ攻撃」をベッギングと名付けました。

　何とも気疲れするやりとりだと私は思うのですが、**与えられるほうが主導権を握って物をもらうと、負い目は生まれません。**贈り物をあげるという行為では、一般的に主導権は贈り手のほうにあります。贈り手の自由意思で物を与えると、そこに負い目は生じます。しかし、贈り手に主導権はなく、もらい手が望んでいるという形にもっていけば、同じように物を与えるという結果になったとしても負い目は回避されます。

トゥルカナの場合、与え手（贈り手）は公然と返礼を求めることはせず、もらい手がつねにその場その場で要求し交渉し獲得するという、個別のやりとりを通してのみ物は与えられます。負い目をため込むことも気疲れしますが、このように毎回、交渉して渡すというのも気疲れするような気がします。しかし、それでも負い目が生じない分、相手とはつねに対等な関係を保ち続けることができるのです。

私たちが「つまらないものですが」といって贈り物を渡すのも、負い目を回避する技法のひとつだと説明しましたが、こういった技法はよく観察してみると世界のさまざまな地域で見いだせます。こうして人びとは社会が階層化しないよう配慮して、できる限り仲間内での平等性を維持しているのです。

階層性がない社会を平等主義社会といったりしますが、それは当事者の頭のなかに「平等でなければならない」という強い理念があってそうしているわけではないのかもしれません。松村が紹介した狩猟民や牧畜民の事例から分かるのは、平等性というのは、日々のささいな物のやりとりのなかで調整しながら維持されるということです。[*10]

5　贈り物から見る文化人類学の目線

贈答文化はこのように人間集団ごとに多様な現象として表れます。それは一見、私たちにとって奇異に映るものかもしれません。しかし、その内実をフィールドにおいて丹念に記述していくことによって、じつは私たちにも似たような現象があるということに気づくことがあります。

私たち人間は物を贈り続けることによって人をコントロールできることをよく知っています。そして、多くの人間集団にはこうしたコントロールを回避する暗黙の技法があるようです。しかし、その技法もまた人間集団ごとに異なった形で表れます。こうした作業を経て、人類学は**「人間はいかに共通しているのか」**という問いに迫ろうとします。

この章で特に強調したいのは、**当事者のレベルでは贈与だとみなされている現象が、観察者のレベルでは交換に見えるということです。**贈り物は自発的で返礼をあからさまに期待しない形で受け渡されるのにもかかわらず、そこには第0話で述べた「暗黙のルール」がいくつもあり、観察者の目で見ると交換になっていることが分かります。私たちは自分が今何をしているか――贈り物をしているのか、商品を購入しているのかなど――を説明することは可能です。しかし、当事者だからといって、その自分の行為がもつ意味を十全に語り尽くすことはできません。贈り物がじつは交換になっているというのは、言われてみれば確かにそうですが、これに気づくには自分たちが日常的にやっていることをいったん俯瞰してみる観察者の目線が必要です。

図11：当事者の水準と観察者の水準

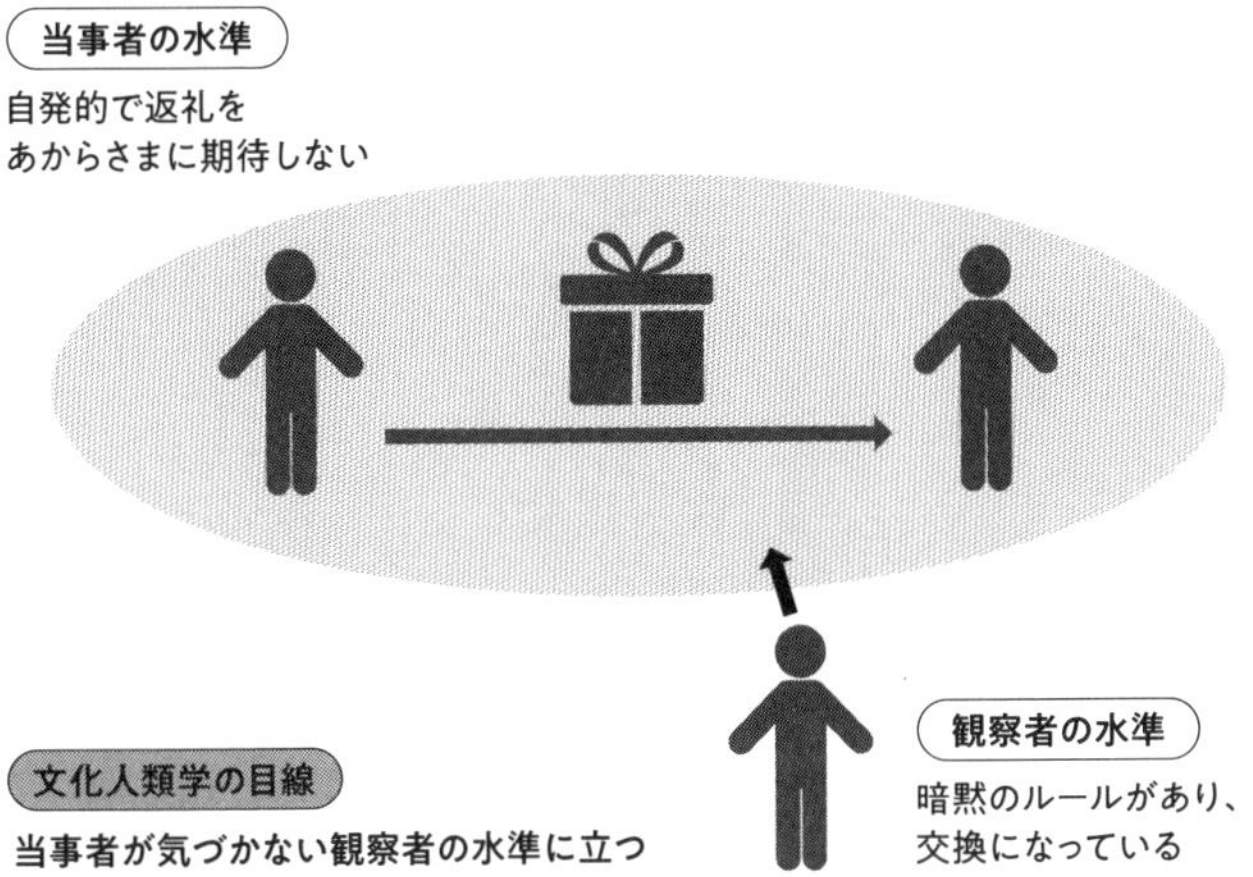
当事者の水準
自発的で返礼を
あからさまに期待しない
文化人類学の目線
当事者が気づかない観察者の水準に立つ
観察者の水準
暗黙のルールがあり、
交換になっている

この観察者の目線を養うことができるのが文化人類学なのです。私たち文化人類学者は、異文化に身を置き、そのなかで暗黙のルールを見いだす経験を繰り返します。こうして再び自分の社会に戻ってくることで、自分たちのやっていることの隠れた、あるいは深い意味を見いだす思考法を身につけます。

文化人類学を学ぶということは、こうした研究者が世界中のさまざまな人間集団のなかで経験してきた観察や聞き取りの結果を通して、自分たちの社会をそれまでとは別様の仕方で見つめ直すことなのです。こうした学問のあり方は、同じように文化について学ぶ文学や歴史学、哲学とは異なり、あくまでフィールドワークにもとづいた観察者の気づきの蓄積によって成り立っています。

＊1　マリノフスキ、ブロニスワフ『西太平洋の遠洋航海者』増田義郎訳、講談社学術文庫、２０１０年。

＊2　前掲書、１４１頁。

＊3　前掲書、１４２-１４８頁。

＊4　モース、マルセル『贈与論　他二篇』森山工訳、岩波文庫、２０１４年、97頁。

＊5　マリノフスキ、前掲書、１４２頁。

＊6　松村圭一郎「分配と負債のモラリティ――アフリカの名もなき思想の現代性」『思想』１１２０号、２０１７年、39-59頁。

＊7　市川光雄『森の狩猟民――ムブティ・ピグミーの生活』人文書院、１９８２年、73-97頁。松村、前掲書、42頁も参照。

＊8　市川光雄「平等主義の進化史的考察」田中二郎・掛谷誠編『ヒトの自然誌』平凡社、１９９１年、11-34頁。松村、前掲書、48-49頁も参照。

＊9　太田至「トゥルカナ族の互酬性――ベッギング（物乞い）の場面の分析から」伊谷純一郎・田中二郎編『自然社会の人類学――アフリカに生きる』アカデミア出版会、１９８６年、１８１-２１５頁。松村、前掲書、44-46頁も参照。

＊10　松村、前掲書、49頁。

第4話
汚穢《けがれ》と禁忌

なぜ私たちは唾液を〝汚い！〟と感じるのか？

いきなり汚い話ですみません。

自分がコップに出した唾液を、ふたたび自分の口のなかに入れることはできますか。

「えっ！　嫌だ、汚い」と、ほとんどの人が抵抗感をもつでしょう。

しかし、それはどうしてでしょうか。唾液はつねにみなさんの口のなかにあります。自分の身体のなかにあったものが、身体の外に出たとたん、私たちはどういうわけか、「汚いもの」と感じてしまいます。

1　唾液は体外に出たとたんに「汚いもの」になる

もっとも、「いやいや、それはネバネバしているし、臭いからでしょ」という反論が出てきそうです。しかし、ネバネバや臭いというのが理由であれば、納豆はどうして汚いと思わないのでしょうか。

唾液そのものが汚いものということであれば、私たちはつねに汚いものをずっと口のなかに入れ続けていることになってしまいます。そもそも口内は雑菌だらけですが、唾液は雑菌を殺す作用があります。そう考えると、唾液に汚い成分が入っているから、汚いと感じるわけではないのです。

唾液と同様に、髪の毛や鼻水、大便、小便など自分の身体から排出されたものは、すべて「汚いもの」と感じることに気づくでしょう。鼻水や便には菌が含まれているのは間違いありませんが、唾液と同じように、体内にあるときは、それらを汚いとは思わないはずです。

体内にあるときには汚いものではないのに、体外に出たとたん汚いと感じるという点で、これらはすべて同じ感情を喚起します。

唾液や便などが体外に出たとたんに「汚い」と感じる理由は、心理学の問題のように見えますが、人類学からも検討は可能です。この理由について意外な解答を示したのは、イギリスの人類学者メアリ・ダグラスでした。

2　汚さとは「場違いなもの」である

ダグラスの主著『汚穢《けがれ》と禁忌』（1966年刊行）は、ユダヤ教の食物に対する禁忌（タブー）について論じています。[*1] 食物禁忌というのは、宗教の教義上、食べてはいけないとされる食物のことを指します。『旧約聖書』のなかに含まれる「申命記」には、ユダヤ教徒が守るべきさまざまな規定が記されているのですが、そこに食物禁忌についての説明があります。

『旧約聖書』のなかの食物禁忌

「申命記」には、ユダヤ教徒が食べてよい動物は**ウシ**、**ヒツジ**、**ヤギ**、**牡鹿**だと書かれています。一方、食べてはならない動物は、ブタ、ラクダ、ウサギ、タヌキとされています。[*2] 他にも、ひれやうろこのない魚類や、羽のない昆虫、ヤモリやトカゲといった地を這う爬虫類も「汚らわしいもの」として食べてはならないと、「申命記」に記されています。

さて、みなさんに問題です。ユダヤ教では、なぜこれらの生物が食物禁忌——食べてはいけないもの——の対象とされるのでしょうか？　少し考えてみてください。

この問いは多くの宗教学者を惹きつけました。神様がこのように定めるからには何かしら理由があるというわけです。

なかにはこれらの禁忌の対象になっている生き物がとても美味しいので、禁忌の対象にしなければ人びとは食べ過ぎてしまうからだという見解を示した者もいました。他にも、衛生的に問題がある食べ物だからだという理由を挙げた者もいました。しかし、確実な証拠は得られず、誰も決定的な理由を述べられなかったのです。

こういった背景のため、一部の学者は、結局のところ統一された理由はなく、美味しさや衛生的な問題など、複合的な理由が重なってできた禁忌であると結論づけるようになりました。このように『旧約聖書』の食物禁忌は、数々の聖書研究者を悩ませてきた難問だったのです。

これに対して、ダグラスは「いや違う！　統一された理由はある」と反論したのです。

ダグラスがこの難問の解答として注目したのは、『旧約聖書』のなかの記述です。多くの論者はこれまで聖書の外側に何らかの禁忌の理由を求めましたが、彼女はあくまで禁忌の理由は、その禁忌を記しているテクストのなかにあるというのです。

そこでダグラスはまず『旧約聖書』の冒頭にある「創世記」に目を向けます。「創世記」によれば、はじめに神は地と水と天をつくったとされます。そして、神は地には4つ足で歩く獣、水にはひれやうろこのある魚、天には2本足で飛ぶ鳥を創造したと記されています。

そして、ダグラスは『旧約聖書』に表されている清潔と不浄の観念に関する解釈を披露します。『旧約聖書』には、神の定めた戒律を遵守することが人間に繁栄をもたらし、それに違反すれば災禍がもたらされるとあります。この戒律の遵守こそが、聖なる存在になる条件であり、清潔であるとされるのです。逆にいうと、戒律の違反は、不浄の観念と結びつくわけです。

そこで「創世記」の記述と『旧約聖書』のなかの清浄・不浄の観念を重ね合わせてみると、興味深いことが見えてきます。神が創造した地・水・天は、神の定めた戒律を遵守した世界になり、その世界に存在する生物は清潔なものになります。逆にいうと、その世界のなかにいてはならない生物は戒律の違反に相当し不浄なものになります。

たとえば、「申命記」の記述では、家畜とは蹄《ひづめ》が分かれていて反芻《はんすう》する動物だとされています。ウシやヒツジなど先述の食べてよい動物はすべてこのカテゴリーのなかに入ります。しかし、ウサギとタヌキは反芻する——つねに歯を動かしている——けれど、蹄は分かれていません。ブタとラクダは蹄は分かれているけれど反芻しません。したがって、これらの動物は神の創った世界にいてはならない不浄な生物になるのです。

また、ダグラスは、**この家畜のカテゴリー以外にも、神が創る地・水・天に住まう生物の特徴に逸脱する生物こそが、食物禁忌の対象になっている**といいます。たとえば、次の生き物は、すべて神が定めた地に住まう動物のカテゴリーから逸脱しています。

- **ヤモリ・トカゲ……4本足はあるが、腹を地面につけて這うように歩くため。**
- **羽のない昆虫……地面を歩くけれども、4本足ではないため。**

このように、食物禁忌とされる生物は、それぞれ禁忌となった理由がそれぞれ異なるのではな

図12：2つのカテゴリーのあいだにあるアノマリー

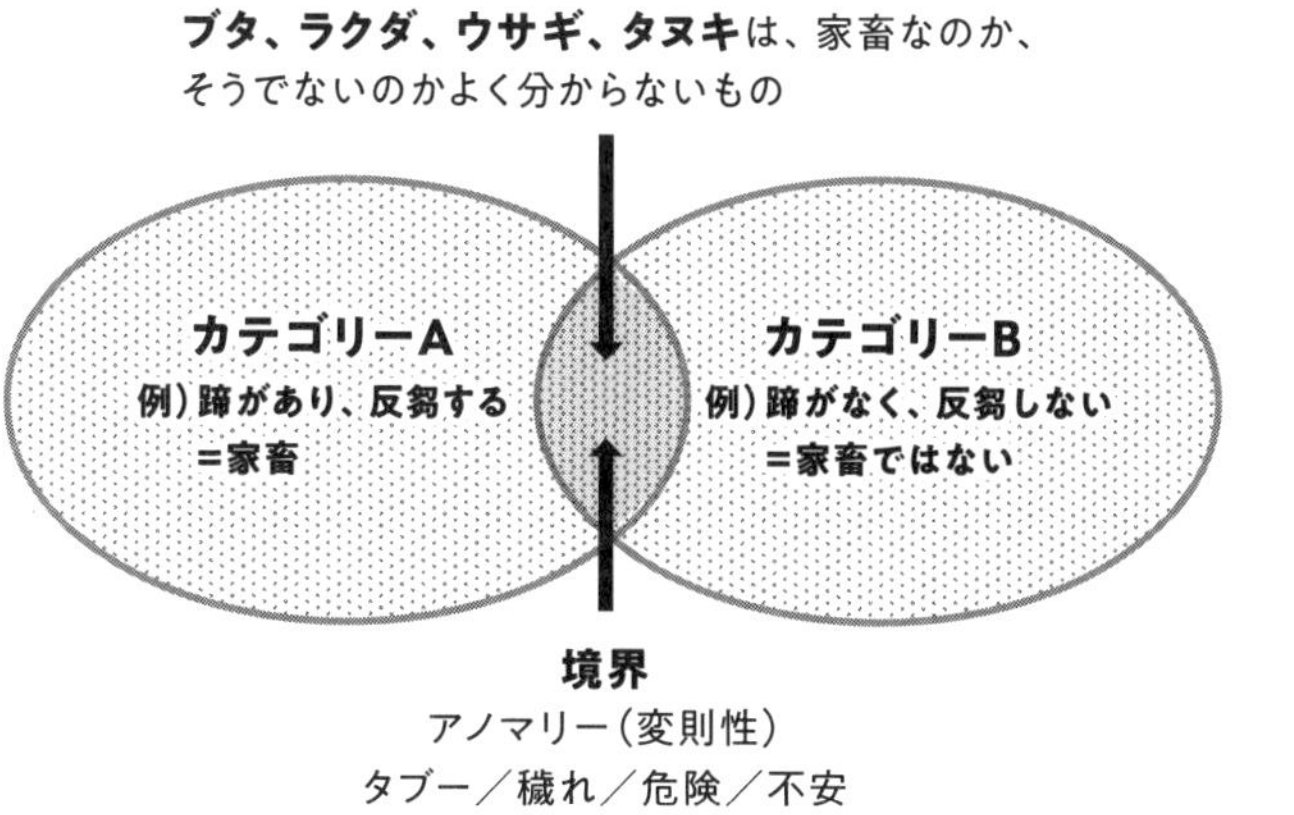

出所：リーチ（1981：76）[*10]をもとに著者作成

く、「神がつくった聖なるカテゴリーから逸脱したものだ」という一貫した理由が見いだせるのです。

　ダグラスはこのようにカテゴリーから逸脱した存在をアノマリー（異例なもの）と呼び、アノマリーに位置づけられる存在は、多くの地域で「汚らわしいもの」「汚いもの」とみなされてきたというのです。

カテゴリーの「あいだ」にあるアノマリー

　ダグラスのアノマリー論は、たいへん鮮やかで多くの研究者に好意的に受け入れられました。ダグラスと同時代に生きたイギリスの人類学者エドマンド・リーチは、ダグラスのアノマリー論を、極めて明快な図式に置き換えました（図12）[*3]。

　図12のように、2つの別々のカテゴリーの重なる部分に存在するものがアノマリーです。たとえ

ば、4つ足で歩く生物というカテゴリーと、4つ足で歩かない生物というカテゴリーのあいだに、ヤモリやトカゲ――4つ足だけど腹をつけて歩く動物――が入ります。羽のない昆虫は、4つ足ではないけれども歩く生物という意味で、やはり両方のカテゴリーの中間に位置づけられます（そういうと人間もあてはまりそうですが、神の被造物としての人間は、動物や昆虫といった他の生物とは別扱いになります）。

家畜の話でいえば、家畜となる「反芻＋蹄」というカテゴリーと、家畜ではない「非反芻＋非蹄」というカテゴリーの中間――反芻＋非蹄――に位置づけられるので、やはり図の中間にあると考えられています。

このリーチの図は、『旧約聖書』の食物禁忌の話を離れて、さまざまな禁忌に関する事象にあてはまります。

本章の冒頭で挙げた唾液をはじめとする身体から切り離されたものが「汚い」とされる理由も、この図式を使って説明できます。唾液や髪の毛、便などは、自分の身体の一部ではあるけれども、完全に身体の外部にあるものともいえず、その両者の中間にあたります。身体の一部なのかそうでないのか分からないアノマリー（異例なもの）だといえます。

ダグラスは、このように**汚さとは「場違いのもの」（matter out of place）**だといいました。[*4]

ここでいう「場違い」というのは、2つのカテゴリーのどちらにもすっきり収まりきらないという意味です。そういった状態にある現象や物体は、生活のあらゆる場面にみられます。

ダグラスはその例として靴を挙げるのですが、この例は私たちに理解しやすいものです。私たちは玄関で靴を脱いでから室内に入りますが、北欧諸国を除いて西洋の多くの国では、土足で室内に入ります。靴を脱ぐのは寝室に入るときだけという場合もあります。

私たちにとって土足で室内に入るというのは、どこか汚らしいというイメージを喚起します。私たちにとって室内で履かれる靴は、「場違いなもの」なのです。しかし、多くの西洋人はそのように感じないのでしょう。これは私たちと彼らの内側と外側の感覚が違うことに関係しています。

私たちは玄関を境に内側と外側を区切りますが、彼らはリビングまではまだ観念的には外側であり、寝室とリビングのあいだに内外の境界線を引きます。彼らにとってプライベートな空間はあくまで寝室であり、家族が集う場所であるリビングはもうプライベートな空間ではないということになります。

ここから分かるのは、日本の内側は家の構成員の空間になる一方、西洋の内側は個人や夫婦の空間となるわけです（西洋では日本に比べて早い段階で子どもを自分の部屋で寝かせるようです）。このように内側のカテゴリーに含まれる人びとが誰なのかということにも地域差がみられます。第1話の「集団と親族」における日本の集団原理とも重なる話です。

さて、身体の滲出物《しんしゅつぶつ》と靴の2つの事例を挙げましたが、さらに意外なものにも注目してみましょう。それは「不倫」です。

不倫もアノマリー？

以前、私がカフェにいたとき、芸能人の不倫話に興じる女性たちの会話が耳に入ってきました。そのとき、ある女性が「汚らわしいわね」と言うのです。この女性が言っていたのは、不倫は汚らわしいものであるということです。

しかし、どうして不倫が汚いのでしょうか。不倫をした人たちが泥で汚れているわけではありません。不倫にはあくまで観念的な「汚らわしさ」というイメージがあるのです。これもダグラスのアノマリー論で説明可能です。

日本では、一般的に結婚には性行為の独占という観念が含まれています。婚姻関係にある者同士の性行為は何も問題視されません。逆に未婚者同士はこのような性行為の規制を受けません。つまり、私たちは、婚姻関係にある者と未婚者のそれぞれの概念に含まれる「〇〇すべき／してもよい／してはならない」というさまざまな観念を何となくもっているのです。

不倫をする人というのは、この両方のカテゴリーの中間に位置づけられます。婚姻関係があるにもかかわらず、未婚者と同じようにふるまったというアノマリーな状態にあることから、一部の人は「汚らわしい」という印象をもってしまうのでしょう。

もちろん、他の事例と同様に、「汚らわしい」と発言した人は、カテゴリーからの逸脱ということを意識しているわけではありません。**どういうわけか人間が何かを「汚らわしい」と思う背**

景を検討すると、カテゴリーからの逸脱が見いだせるということです。

この考え方にしたがうと、結婚という観念のなかに、性行為の独占という観念が含まれていない――あるいは含まれていたとしても、それほど厳しい規範ではない――人たちの集団のなかでは、不倫はそれほど問題にはならないでしょうし、ましてや「汚らしい」とは感じないでしょう。

この不倫の話は、第7話で取り上げる妖術師や魔女がなぜ排除されるのかという話にも通じます。

妖術師や魔女は、超自然的な存在と人間の中間にいるアノマリーな存在です。どちらも人間でありつつ、超自然的な力をもつと周囲の人びとから信じられています。こういった存在は「汚い」わけではありませんが、禁忌の対象となっており、人間の集団から排除される傾向にあります。

妖術師や魔女が、人間と超自然的存在の中間ではなく、単に人間ではなく超自然的存在――神や仏――であれば、きっと排除されることはないでしょう。あくまで中間的な存在だから、忌避される傾向にあるわけです。

芸能人の不倫は世間の耳目をあつめ、テレビのワイドショーなどを通じて世間から徹底的に非難されて排除されます。これはどこか中世ヨーロッパの魔女狩りにも似た熱狂的な事態です。どうしてこれほどまでに熱狂的になるのかという理由は、もしかしたらアノマリー的な存在だからといえるのかもしれません。これらの事例を通して見えてくるのは、人間のカテゴリー認知のふしぎです。

もうひとつここで付け加えておきたいのは、**当事者のレベルでは「汚らわしい」とみなされている行為が、観察者のレベルでは「カテゴリーの逸脱」として解釈できる**ということです。第3話の最後に触れた通り、この観察者のレベルに立つことが人類学的なものの見方のひとつのあり方です。贈与と交換の話題から導き出せる人類学的なものの見方は、ここでも形を変えて見いだすことができるのです。

3 「穢《けが》れ」という観念

「血」は汚らわしいものなのか?


さて、唾液や便などの身体からの滲出物は「汚いもの」だとみなされるというのは先ほど話した通りですが、そういう意味では「血」はどうなのでしょうか。血も身体から外に出ることはあります。

日本で血は「穢れ」と結びつけられてきました。穢れとはこれまで述べてきた観念的な意味での不浄を意味しますが、そこには**何らかの信仰による「忌まわしい状態」**という意味づけが付加されています。

ですから、これまでの事例でいえば、唾液や便などの身体の滲出物や靴の事例は単に「汚いもの」になりますが、『旧約聖書』のなかで出てきた禁忌対象の生物はすべて「穢れたもの」になります。なぜなら、ユダヤ教の信仰のなかでの話だからです。日本では、死や血をはじめ、それに結びつく出産、生理、女性までもが穢れとみられてきました。

なぜ死や血が穢れと考えられてきたのかという説明はいろいろあるのですが、そもそも死やそれを連想させる血は遠ざけたいものであるからといわれています。しかし、ダグラスのアノマリー論にしたがえば、どちらもカテゴリーの中間にあるからということになります。死者はこの世とあの世という両方のカテゴリーの中間――死体はこの世にいるけれど、魂はあの世にある――ですし、滲出物としての血は身体の内と外の中間にあるということになります。

こういう説明をされると、何となく分かったような分からないような、という感じをもつかもしれません。このアノマリー論は私たちの意識を超えたところにある構造に着目しているので、こういわれても実感はないという反応はもっとものなものです。

いずれにせよ、血は「汚いもの」というよりも「穢れたもの」となります。たとえば、日本では古くから生理中の女性は忌避される傾向がありました。地域によっては、生理中の女性は生理が終わるまで小屋（コヤ）と呼ばれる別棟の小さな空間で過ごさねばならないという決まりがありました。また、生理中の女性は神社に入れなかったり、地域の祭りに参加できなかったりする決まりもありました。

ただし、この血の穢れ（血穢《けつえ》）は、「古くから」といいましたが、正確には平安時代に確立されました。平安時代に法の細則を定めるために編纂された『延喜式《えんぎしき》』（９２７年成立）では、血のことを「阿世（汗）」と記しています[*5]。当時は忌避する言葉を直接言ったり記したりするのが避けられ、類似する別の言葉が当てられる傾向がありました。このことから、当時は血が忌避されていたことが分かります。なお血だけでなく、死や出産の穢れも、やはり平安時代からみられる観念だと考えられています。

　この血穢がどうして生理や女性の不浄に結びついたのか、ふしぎに思う人がいるかもしれません。これも日本中世史や宗教史の分野で、一定の見解があります。生理と女性が汚穢をもつという観念は、『血盆経《けつぼんきょう》』という10世紀頃に中国でつくられた経典が、室町時代に日本に伝来し、日本全国で広く受容されたことが由来とされています[*6]。

　血盆経は、出産時の女性の出血により地神や修行僧が穢されると、女性は血の池地獄に落ちるということを説いた経典です。出産時の血が大地に付着することで地神が穢され、さらにその血が川に流れた結果、下流のほうでその水を汲んだ者が修行僧にその水を捧げることで仏僧が穢され、その水で茶を沸かして飲めば、たいへんな罪になると説かれています[*7]。

　もともと仏教には女性蔑視の思想はないとされていますが[*8]、中国である時期にこのような経典が生まれ、平安時代に現れた血穢の観念と結びついたと考えられています。

　人類学的に興味深いのは、血穢という観念は日本以外でもみられるのか、という点です。たとえば、人類学者のジェームズ・フレーザーは『金枝篇』（１８９０年初版刊行）で、北アメリカの先住民諸社会では、強い宗教上の信念から、どのような動物の血を食べることも厳格に慎むべきだとされていたと報告しています。彼の解釈によれば、血が獣の生命と精霊を宿すからだとされています。*9

また、現代でもヒンドゥー教では、日本と同様、生理を穢れとみなします。ですので、生理中の女性は寺院に入れませんし、儀礼にも参加できません。さらに、現代でもヒンドゥー教が信仰されている地域の一部では、生理中の女性を小さな小屋に隔離する風習が残っています。

しかし、一方で生血を食する習慣をもつ人間集団はたくさんあります。私のフィールドであるラオスも、鶏やアヒルを屠畜したときに生血を抜いて、それに調味料をまぜて食べています。こういう状況を見ると、血に対する忌避の観念はないと考えてよいでしょう。

とはいえ、同じラオスでも立場によって考え方は違います。私のフィールドにいる呪術師は、生血を食すことは呪力の失効につながるので禁忌だと言っていました。ですので、超自然的な力をもつとされる人にとって生血はやはり忌避の対象なのでしょう。

このような事例を見てみると、**世界中、いつでもどこでも、身体の滲出物のすべてが「場違いなもの」――つまり、「汚いもの」あるいは穢れ――として、認識されているわけではない**ということが分かります。

ダグラスのアノマリー論は、当初、人間がカテゴリーをつくって世界を秩序だてるという「普遍的」な特性に着目して導き出された理論であるとみなされていました。しかし、さまざまな事例を検討してみると、どのような事例でも普遍的にあてはまる万能な理論ではなかったようです。したがって、私たちは、このような一見、切れ味のよさそうな理論で人間の文化の特質が説明しきれると期待しすぎないほうがよいでしょう。

とはいえ、地域を超えて人間にとって共通する特徴を考察していこうとする姿勢は、人類学にとって大切だと思います。

4 時間と空間の区切りのあいだは不安で危険

橋の下とトンネルはなぜ怖いのか？

先述の図を考案したリーチは、ダグラスのアノマリー論を発展させて、独自の観点から、**時間と空間の区切りの境界線にあたる部分は、「異例なもの（アノマリー）」が見いだされる場所**だと指摘します。[*10]

人間は時間や空間を区切ることで、文化的な秩序をつくります。その秩序にぴったり収まらない境界部分は、単に汚穢・禁忌の対象となるばかりでなく、どこか危険や不安を人びとに喚起させます。

まず、「空間の境界」について説明します。

日本の幽霊譚や妖怪譚で、霊が現れる場所としてよく言及されるのは、**交差点**です。「四辻」

や「三ツ辻」というように「辻」という表現が使われますが、これは道路が交わるところですので、道路そのものが境界線となります。また、橋の下やトンネルも、よく幽霊が出る場所です。橋やトンネルはこちら側とあちら側という2つの空間を結ぶ境界領域にあたります。

ひとつ例を挙げます。民俗学者の宮田登が、静岡県の産女《うぶめ》という地名の由来について説明しています。[*11] 産女とは難産で死んだ女性の霊魂を指します。つまり、妖怪です。産女という地名は、この妖怪の魂を鎮めるために産女観音をつくったことに由来するそうです。この産女という妖怪は、辻を通ってこの世に現れるとされています。つまり、交差点に出没するというのです。こういった妖怪譚は日本各地にみられます。

さらに、聖なる空間と俗なる空間の境界も魔物が現れる場所と考えられています。みなさん、神社の鳥居は見たことがあると思います。あれは何のためにあるのか知っていますか。鳥居は「結界」といって、神社という聖なる場所と、人びとが住む俗なる場所を分ける目印になっています。鳥居と似たものは中国にもあることから、中国由来であるという説もありますが、鳥居の起源について確たる説はありません。

この鳥居のなかには赤色のものが多くみられます。なぜ赤色なのかというと、それは魔除けを意味するからです。これも諸説あるうちのひとつではありますが、鳥居が赤いのは聖俗の境界線に魔物が集まりやすいという民間信仰によるのです。

次に「時間の境界線」についても見ていきましょう。

日本では、古くからの言い伝えで、夕方6時くらいの薄暗くなる時間は「**逢魔《おうま》がとき**」といわれています。これは読んで字のごとく、魔物と逢う時間という意味です。昼と夜の境界領域である夕方は、幽霊や妖怪が現れやすい時間として恐れられてきました。じっさい、アニメの「ゲゲゲの鬼太郎」を見ても、「夜は墓場で運動会」という歌詞はあるものの、妖怪が出没する時間は夕方に設定されている場合が多いです。先ほどの産女という妖怪も、夕暮れの6～7時頃に出没するといわれています。[*12]

　このように、交差点・橋・トンネル・神社の出入口・夕方など、私たちがどういうわけか共通して怖いと感じる時間・空間があります。これは多くの場合、何かの境界領域になっているのです。

　さて、やはりここでも日本以外の地域に目を向けてみましょう。時間・空間の境界領域をアノマリーだとする地域はどれくらいあるのか、という統計調査など存在しないので、さまざまな事例を自分で見つけていかなければなりません。じっさいたくさんあるのですが、ここでは、観光地として有名なインドネシアのバリ島の事例を紹介します。

　バリ島では、1年が365日で構成される私たちにもなじみのあるグレゴリオ暦の他に、2つの独自の暦があります。1年が210日で構成されるウク暦と、353日～356日でめぐる1年を12か月――閏年《うるうどし》のみ13か月――に分けるサカ暦です。とりわけサカ暦10月の1日目はニュピと呼ばれる新年初日――日本でいう元旦――になります。[*13]

この日は夜明けから翌日の夜明けまで、火気の使用や外出、殺生が一切禁止されます。働くのも禁止です。一日中、部屋のなかで静かにしていなければなりません。これは観光客にも適用されるので、知らないでこの日にバリ島に行ってしまうと、たいへん困ったことになります。

ニュピの前夜には、悪霊を祓うための儀礼が島中で行われます。この儀礼ではオゴオゴと呼ばれる巨大な化け物が島民たちによってつくられます。みなさん発泡スチロールや竹などを使って上手につくるのです。この儀礼の最後には、みんなでオゴオゴを担いで、海に運んで焼き払います。このようにオゴオゴを焼き払うのは、オゴオゴが魔物を呼び寄せると考えられているからです。

魔物を呼び寄せるオゴオゴ（著者撮影）

つまり、新たな年が始まるニュピという日の前夜は境界領域なのです。このタイミングには魔物が発生しやすいと考えられています。バリ島では、ニュピの前日だけでなく、ウク暦やサカ暦にしたがって、暦の区切りにあたる時期には、不吉な力が働くと考えられており、何らかの儀礼を行うことで不吉な力を排除しているのです。

人生の節目も怖い？

ここでいう時間の境界は、必ずしも1年の流れの区切りばかりを意味しません。人間の一生の節目も、時間に境界線を入れることにつながります。

人間は生まれてから死ぬまでのあいだの経過に、乳児や幼児、子ども、成人、老人などの段階を設け、それぞれに適切なふるまい方があると考えます（そして、その区切り方やそれぞれに付与される意味は、地域によって異なります）。

しかし、やはりここにも境界領域が生まれます。たとえば、生者から死者への移行について考えてみましょう。今日では医学的には死の三徴候をもって、医者が死亡時刻を決めることになっていますが、これはあくまで形式的なことです。

人びとの観念の世界では、身体としては活動を停止していても、魂は生きていると考える地域は多くあります。この世界観にしたがうなら、単に身体の死をもって、「この人は死亡した」と瞬間的に切り替えることはできません。「魂はしっかりとあの世にたどり着いたのか」といったように、その世界観に規定された魂の行先にたどり着くまでは、死とみなされないでしょう。

このように生と死のあいだにも境界領域があり、やはり人びとに不安を掻き立てます。生から死への移行過程において何らかの不備があると、死者に呪われてしまうと考える地域もあります。ですから、出産や死といった人生の境目において、人びとの不安を落ち着けるために禁忌が設定され、それを守ることで生活に秩序を生み出したり、儀礼を行うことで超自然的な力の庇護を受けたりするわけです（次章で儀礼の役割について検討する際に、この話が再び登場します）。

人生の節目全体を考えれば、生と死の境目だけでなく、成人や婚姻といった出来事も節目にあたります。リーチによれば、文化によってさまざまな表れ方にはなるけれども、これらの節目は人びとに不安を与え、危険な状態だとみなされます。それにより、さまざまな禁忌が設定されたり、呪術的・宗教的な超自然の力に頼る儀礼が行われたりするのです。リーチは、人びとの生活を秩序だてているのは、これらの禁忌や儀礼であると主張します。

5　神聖なものと「汚いもの」の共通性とは？

そもそも人類学者のダグラスがなぜ『旧約聖書』に注目したのかというと、先述のフレーザーの呪術論と関係があります。フレーザーは呪術と宗教には別の原理が働いており、人類の信仰形態は呪術から宗教へと進化していくと論じました（第7話参照）。

しかし、ダグラスは「そんなことはない！　呪術と宗教には同じ原理を見いだすことができる」という立場をとり、その共通した原理として分類体系とアノマリーに着目したわけです。これらは呪術であろうと宗教であろうと、どちらにも見いだせる原理だというのがダグラスの強調するところです。

ユダヤ教やキリスト教、イスラム教といった明確な教義をもつ宗教とは別に、人間が超自然的存在に働きかける「呪術」はいたるところで見いだせます。この呪術の世界において、呪術師には、たとえば生肉を食べてはならないなど、さまざまな禁忌がありました。

フレーザーは『金枝篇』のなかで、この禁忌について紹介しています。とりわけフレーザーの記述のなかで興味深いのは、**王という神聖な存在に対してさまざまな禁忌がみられる一方、死や生理中の女性などは「汚いもの」とみなして禁忌の対象になる**という点です。

人びとは王に直接手を触れてはならなかったり、王は自分の手で直接、食物を口に入れてはならなかったりするなど、さまざまな禁忌が紹介されています。一方、男性は生理中の女性に手を触れてはならなかったり、生理中の女性は儀礼に参加できなかったりするなど、こちらも世界中でさまざまな禁忌がみられます。

フレーザーは聖なる存在への禁忌と「汚らわしいもの」への禁忌の両方があるということまでは指摘しているのですが、それはなぜなのかという点については言及していません。これに対しダグラスは、この両極端の存在に禁忌がみられるのは、どちらも分類体系から逸脱した存在だからだというのです。つまり、王が聖なる神と俗なる人間の境界領域にいるのと同様に、滲出物としての血は身体の内と外の境界領域にあるということです。

このような呪術の世界にみられる「禁忌」と『旧約聖書』のなかにみられる「禁忌」には同じ構造が見いだせるとダグラスは主張したのです。

この章で見てきたアノマリー論は、私たちが普段何気なく「汚い」「危険」「おぞましい」と感じているものが、何らかの大きな分類（カテゴリー）の秩序と関連しているという気づきに導かれてつくられた議論です。

第3話で触れた通り、当事者のレベルでは個別に異なるものの見方や感じ方があるものの、それを観察者のレベルで見たときに、個々の差異を超える大きな構図が見いだせるというわけです。この章で紹介したアノマリー論は、文化には多様性があるとされる一方で、人間としての共通性は何かという探究に対するひとつの答えだったといえるでしょう。

＊1　ダグラス、メアリ『汚穢と禁忌』塚本利明訳、ちくま学芸文庫、２００９年。
＊2　申命記第十四章三―二十節。
＊3　リーチ、エドマンド『文化とコミュニケーション――構造人類学入門』青木保・宮坂敬造訳、紀伊國屋書店、１９８１年、76頁。
＊4　ダグラス、前掲書、１０３頁。
＊5　西田知己『血の日本思想史――穢れから生命力の象徴へ』ちくま新書、２０２１年、29頁。
＊6　前掲書、75-76頁。
＊7　宮田登『ケガレの民俗誌――差別の文化的要因』ちくま学芸文庫、２０１０年、１１８-１１９頁。
＊8　初期仏教に女性蔑視の思想があったのかどうかは諸説あるので、ここでは立ち入りません。
＊9　フレイザー『金枝篇（一）』永橋卓介訳、岩波文庫、１９５１年、１５０-１５１頁。
＊10　リーチ、前掲書、71-78頁。
＊11　宮田、前掲書、１１６頁。
＊12　宮田、前掲書、１１６頁。
＊13　五十嵐忠孝「バリのこよみ・考――現行太陰太陽暦が辿って来た道」『東南アジア研究』45（4）、４９７-５３８頁。サカ暦では、第1月ではなく、第10月初日が元旦となります。

第5話

儀礼と境界

なぜ「就活」はあんなにつらいのか？

　就職活動を経験したことがある人はもちろん、未経験の人であっても、就職活動がそれなりに苦労するものであることは知っていると思います。私が大学生だった1990年代末から2000年代初頭は、就職氷河期といわれており、エントリーシートを何十社に送っても、一社も内定がもらえないという人がいたくらい悲惨な時代でした。

　今日では、それほど大変な状況ではないかもしれませんが、就職活動を前にした大学生のなかには、不安でいっぱいになり、ストレスを抱える人もいるでしょう。就職活動を経験している最中の学生たちは、多少なりとも「なんでこんなつらい経験をしなくてはいけないのか」と疑問に思うはずです。

1 〝シューカツ〟という試練

就職活動の困難は受験のものとは異なります。受験は決められた範囲の勉強をひたすら努力してこなせば、それなりに成果が出てきます。しかし、就職活動の場合、何をすれば志望する企業に採用されるのかが明確には分からないため、入学受験以上に不安を覚えることになります。

日本の就職活動の特徴としてよく指摘されるのは、「新卒一括採用」という慣行です。この慣行が一般に定着したのは、第一次世界大戦後の1920年代に入ってからでした。第一次世界大戦後の好景気のなかで、優秀な若手をたくさん確保したいという思惑から、大学などの高等教育機関の卒業生を4月に一括採用する慣行が民間企業に広がり出しました。[*1]

その後、紆余曲折があり、大学進学者数が増加した1970年代には、大学生の新卒一括採用が徐々に増えていきます。その後、今日のような企業説明会・自己分析・エントリーシートの作成・面接といった一連の流れができていきます。とりわけ1990年代中盤のインターネットの普及とバブル崩壊後の不景気が、就職活動の激化に拍車をかけました。

諸外国を見ると、このような新卒一括採用という考え方は一般的ではありません。私の知る範囲でも、欧米や東南アジアの大学生は、大学卒業後にインターンなどを通して定職に就きます。ですので、よく指摘されるように新卒一括採用は、現代の日本社会特有の現象です。

なぜ日本だけ新卒一括採用が定着したのかという問いは、極めて興味深いものなのですが、それはおそらく社会学者や経営学者が考えるべきことでしょう。ただし、人類学者として、ここで一点補足しておきたいのは、第1話で扱った「場」を重視する日本の集団原理が関わっている可能性があるということです。

何らかの専門的な「資格」をもっていることよりも、会社という「場」のなかに取り込んで、人材を育てていくことを優先するとき、新卒一括採用が好都合なのです。

さて、この章では、日本社会に特有の〝シューカツ〟という現象を集団原理ではなく、儀礼として文化人類学的に分析していくと何が見えてくるのかということについて考えてみたいと思います。

「シューカツって儀礼なの？」と意外に思った人も多いでしょう。

儀礼あるいは儀式というと、どこか宗教に関連するというイメージをもつかもしれません。神社で行うお祓いやお寺で行う葬式が、おそらくみなさんにとっての儀礼や儀式の典型でしょう。それらはどこかおごそかで格式ばっていて、堅苦しいものといったイメージを喚起します。

しかし、儀礼や儀式には、七五三や成人式、結婚式も含まれますし、子どもが生まれたときに行うお宮参りやお食い初めといったものもあります。ただし、それでも就職活動とは、どこか距離があって、どこがどうつながるのかふしぎに思うかもしれません。

「シューカツは儀礼だ」ということを説明するには、人類学における儀礼や儀式の扱われ方を振り返ってみる必要があります。少し回り道をすることになりますが、そこから学べることもあるので騙されたと思ってついてきてください。

2　儀礼とは、ある状態から別の状態への移行？

「儀礼」と「儀式」は違うのか

儀礼（ritual）といってまずみなさんがイメージするのは、呪術や宗教に関連するものばかりだと思います。豊穣を祈願するために動物を神様に捧げたり、降雨を祈願して呪術師が呪文を唱えたりするのは、儀礼の典型的なイメージです。

一方で、儀礼に似た言葉に儀式（ceremony）があります。では、儀礼と儀式の違いは、分かりますか。どちらも同じように思えますが、一般的には、宗教・呪術的な要素を含むものを儀礼というのに対し、そういった要素が含まれないものを儀式といいます。ですから、入社式や成人式、卒業式などは儀式になります。

とはいえ、七五三はどうでしょう。七五三の由来は、平安時代から行われていた3歳の「髪置き」、5歳の「袴着」、7歳の「帯解き」にあるといわれています。当時は子どもの死亡率が現在よりもずっと高く、子どもの成長を地域の氏神様に祈るという風習がありました。今でも七五三は神社でお祓いをすることになりますから、宗教的な意味合いをもっています。

日本では神道の非宗教化が進んだため（第6話参照）、私たちは七五三に宗教的な意味を見いだすことはあまりないかもしれません。したがって、七五三は儀礼なのか、儀式なのかと問われると、どちらかよく分かりません。

同じように、結婚式や葬式も、宗教的な意味合いがあるのかないのか、よく分かりません。このように考えると、儀礼と儀式を明確に分けるのは困難です。ですので、ここでは呪術的・宗教的な要素を含まない儀式も、儀礼という言葉で一括して話を進めてみたいと思います。

1980年代くらいまでの人類学は、前章で取り上げた汚穢・禁忌といったテーマについて繰り返し論じてきました。儀礼はこれらと密接に関わっているため、人類学では、儀礼もまた繰り返し論じられてきた重要なテーマのひとつになっています。

世界中にみられる儀礼にはさまざまな種類があるため、まずは次のように整理してみたいと思います。

- **強化儀礼……農耕儀礼、漁労儀礼、地鎮祭など**
- **状況儀礼……厄払い、雨乞いなど**
- **通過儀礼……元服、洗礼、七五三、お食い初め、加入儀礼、結婚式、葬儀など**

まず、「強化儀礼」は、作物の豊穣を願う農耕儀礼など、対象とするものの能力が最大限発揮されるように願う儀礼を指します。また、日照りが続くときに行う雨乞い儀礼など、何らかの災厄や危機を乗り越えるために行われる儀礼を「状況儀礼」といいます。そして、死者をあの世に送る葬儀（葬送儀礼）など、人生のある段階から別の段階に移行する際に行われる儀礼を「通過儀礼」といいます。

もちろん、あらゆる儀礼がこの3つに分類されるわけではありません。そもそも儀礼とは何かをめぐって、人類学ではさまざまな議論が行われてきましたが、その定義次第で儀礼のなかに含まれる現象は広がったり、狭まったりします。

もっとも広く儀礼をとらえるとすると、次のようになります。

> 社会的に定められた行動に縛られて、個々人がその行動にしたがわねばならず、自由にふるまってはならないとされる形式化されパターン化された行為[*2]

こうなると、挨拶だって儀礼になってしまいます。じっさい私たちも人と出会ったときには、「こんにちは」と言ってお辞儀をすると、相手もそれに合わせてお辞儀をしてくれるでしょう。このやりとりだって社会的に決まっていて、自由にふるまうことはあまりできません。

ここでもし挨拶を無視するという定型外の行為をしてしまうと、相手の気を損ねてしまいます（相手に嫌いだという意思を示すために、あえて挨拶をしないという選択もありますが、それでさえ定型化されています）。

さて、ここまで儀礼の定義を広げてしまうと、儀礼の特色が見えにくくなってしまいます。そこで、儀礼とは何かをここで定義するのではなく、人類学で儀礼はどのように説明されてきたのかをたどってみることにします。

儀礼はみんな「通過儀礼」？

第4話でも紹介したフレーザーは『金枝篇』において、世界中のさまざまな呪術的現象を取り上げています。『金枝篇』の初版が発行された19世紀後半には、フレーザー以外にもさまざまな論者が西欧だけでなく、世界中の呪術に関する書物を刊行していました。これらの書物のなかには、さまざまな儀礼についても言及されていました。

こういった成果を受けて、「儀礼っていったい何なのか」という問いが生まれてきました。呪術が世界中の人間集団にみられる現象であるのと同じように、儀礼もまた世界中にみられます。人間とは何かを考えるうえで、儀礼は欠かせない要素だと考えられたわけです。

そこで、現代でもよく言及される重要な理論を打ち立てたのが、アルノルト・ファン・ヘネップというフランスの人類学者でした。ファン・ヘネップは儀礼のもつ特徴的な形式性に注目しました。

ファン・ヘネップは主著『通過儀礼』（1909年刊行）のなかで、次のように論じています。[*3] 世界中にみられる儀礼と呼ばれる現象には、どれも共通する特徴があるというのです。それが

〈分離〉〈過渡〉〈統合〉といわれる儀礼の3局面です。

ファン・ヘネップによれば、どのような儀礼でも、まずは日常から切り離されるという〈分離〉の現象がみられるといいます。へその緒や髪、爪などを切る、身体を傷つける、人やものを隠すなど、さまざまな方法がありますが、何らかの形で日常の世界からの分離を意味する行為が儀礼の最初の段階に見いだせます。

〈分離〉の後に来るのが、〈過渡〉という局面です。これは日常から切り離された、一時的な休止状態を指します。一時的にどこかに隔離される、非日常的な体験をするなど、さまざまな方法で、儀礼に参加する人びとは〈過渡〉の局面を経験します。

そして、〈過渡〉の局面が終わり、新たな状態になった個人が再び日常に統合される〈統合〉の局面を最後に経験します。ここでは、贈り物を交換する、全員で食事をするなど、やはりさまざまな方法がみられますが、いずれの行為も参加者が日常に戻ることを意味する経験をします。

ファン・ヘネップは、誕生式、成年式、結婚式、葬式など人生の各段階で行われる儀礼ばかりでなく、季節の変わり目に行われる年中行事や、寺院の境内に入るための移動に関する儀礼（空間的通過）においても、この3つの局面が見いだせるといいます。彼は、あらゆる儀礼は、身分、年齢、状態、場所などの変化・移行をともなう通過儀礼であるとさえいいます。

『通過儀礼』は、現在から100年以上前の1909年に出版されたのですが、現在でも比較的よく言及されています。儀礼には〈分離〉〈過渡〉〈統合〉という3局面があるという主張は極めて単純ではありますが、その分、分かりやすい図式です。この図式は、その後の儀礼研究に大きな影響を与えました。

念のため付け加えておきますが、『通過儀礼』では、単に儀礼には3局面があるとだけいっているわけではありません。ファン・ヘネップは同書において、妊娠・出産、加入礼（イニシエーション）、婚約・結婚、葬式などの人生儀礼を取り上げ、それぞれに豊富な事例を組み込みながら、自説を展開しています。

これらの豊富な事例を通して、彼は3局面のそれぞれの時間の長さは、個別の儀礼によって異なっていたり、儀礼の目的により、どの局面が強調されるかが異なったりするといった、多様性についても言及しています。

以下では、もう少し具体的な事例を通して、この3局面が儀礼のなかでどう表れているのかを見ていきましょう。

バンジージャンプは成人儀礼だった！

みなさん、バンジージャンプは好きですか。私は嫌いです。だって、怖いじゃないですか。命綱1本で高いところから落ちるなんて正気の沙汰ではありません。このバンジージャンプは、最近では遊園地などで見ることができるので、試してみたことのある人はいるかもしれません。

じつはバンジージャンプは、ただ勇気を試すための遊びではありません。もともとは南太平洋

図13：成人儀礼の特徴

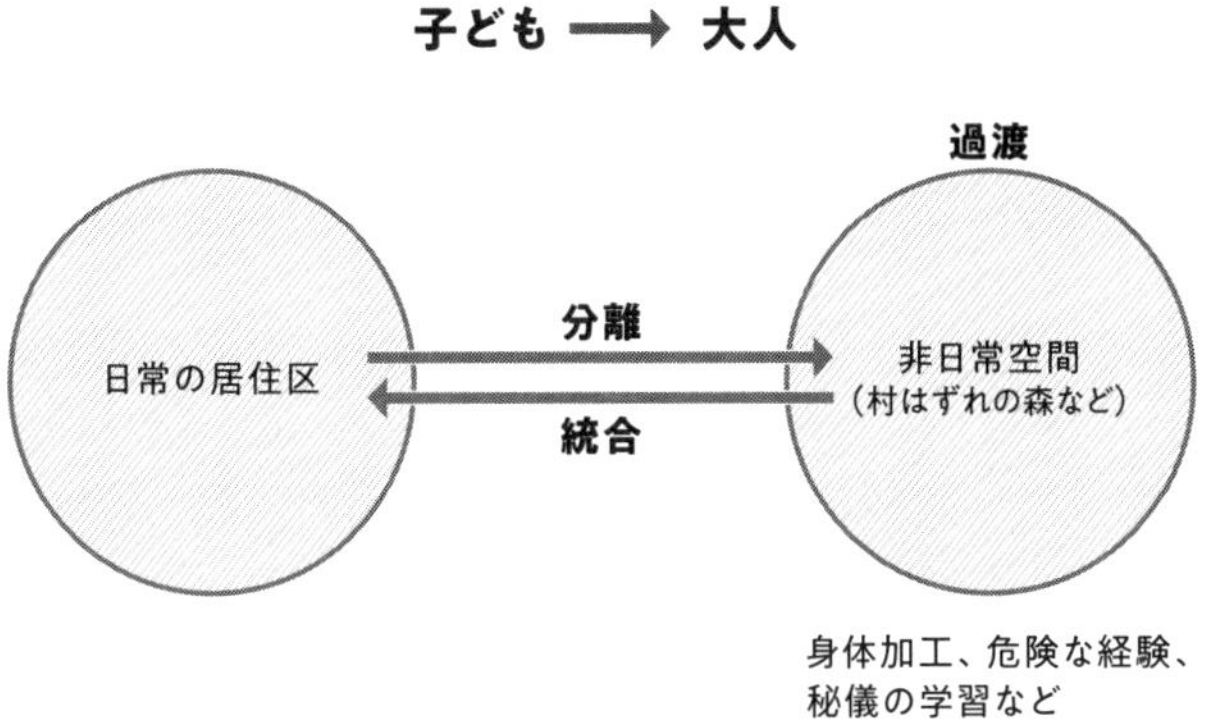

にあるバヌアツ共和国のペンテコスト島の人びとが行っているナゴールと呼ばれる儀礼なのです。ナゴールは、みなさんのイメージするバンジージャンプと同じで、命綱を足首にくくりつけて20〜30メートルほどの櫓《やぐら》の上から飛び降りるという儀礼です。

　毎年4〜5月のヤムイモの収穫期に実施されるもので、命綱もヤムイモの蔓《つる》を使っています。島の人びとは遊びでこの儀礼をやっているのではありません。この島の10歳から30歳くらいの男性は成人として認められるためにナゴールへの参加が必須です。そして、ナゴールには自分の勇気を誇示するのと同時に豊穣を祈願する意味もあります。

　参加者はまず集落から離れた場所に集団で赴き、そこで約7週間かけて櫓をつくります。櫓が完成したら、足に命綱となるヤムイモの蔓を巻き付けます。そして、「イチ、ニッ、サン、バンジー！」とはさすがに言いませんが、櫓の上からひとりずつ飛び降ります。私は映像で見たことがあるのですが、かなり地面すれすれまで落ちるので、相当な恐怖だと思います。

このナゴールという儀礼は、子どもから大人への移行期間に行われる通過儀礼だといえます。

通過儀礼のなかでも、とりわけ大人の集団に加入するという意味で「加入礼」といえるでしょう。加入礼のなかでも、成人になるための加入礼である成人儀礼は世界中にみられます。

ナゴールでは、参加者の集落からの〈分離〉、参加者による7週間におよぶ櫓づくり（〈過渡〉）、クライマックスとしての飛び降りによる大人社会への〈統合〉という3局面が明瞭に見いだせます。

世界各地には、さまざまな成人儀礼があります。ナゴールのように一定期間、子どもたちが集落から離れた別の場所で過ごすといった成人儀礼はアフリカにも数多くみられます。なかには、隔離された場所で子どもたちは、その集団に伝わる伝統的・呪術的な知識を長老から教わったり、何か特別な薬草を飲んだり、身体に入れ墨をしたり、割礼といって性器に傷をつけたりするなど、非日常的な体験をすることもあります。

この非日常的な体験を経ることで、子どもたちは大人として社会的に認知され、大人社会に加入するのです。これは典型的な通過儀礼だといえるでしょう。

葬式は生者と死者を分離するだけではない

加入礼と同じくらい重要な通過儀礼に、葬送儀礼があります。葬送儀礼というと堅苦しい言い方ですが、要は葬式です。日本では葬式というと、多くの場合、仏教の教義に根ざした仏式になるでしょう。それは、お通夜の翌日に行う儀式というイメージがありますが、ここではお通夜から「忌明け」となる四十九日《しじゅうくにち》の法要までの期間を一連の葬送儀礼として見ていきましょう。

葬送儀礼は、生から死への移行を円滑に行うための儀礼です。そうなると、〈分離〉のみが強調されているように見えますが、必ずしもそうとはいえません。

仏式葬儀といってもいろいろな考え方があるのですが、死者は亡くなってから7日ごとに7回の裁きを受けることになっています。殺生や不貞行為など、閻魔様を含む十王によってさまざまな裁きが次々に行われた結果、四十九日目に最終的な裁きが言い渡されます。[*4]

その後、死者は六道のいずれかに行き、生まれ変わるとされます。六道とは天道と人間道、修羅道、畜生道、餓鬼道、地獄道の6つの道を指しますが、要は生まれ変わる先にある世界のことです（ちなみに畜生とは動物のことなので、畜生道とは動物の世界です）。これが仏教でいう輪廻転生になります。

この四十九日のあいだ、死者の親族は喪に服します。つまり、結婚式の実施や結婚式への参加など祝事を避けたり、酒席への参加や旅行も避けたりします。第4話で説明した通り、死は穢れたものとされており、服喪中の生者は死の穢れを他人に移さないように、このような禁忌（タブー）を守るべきだとされています。

四十九日のあいだは、前世と来世の中間にある期間という意味で、中有《ちゅうう》あるいは中陰《ちゅういん》とも呼ばれています。ファン・ヘネップの3局面に即していえば、この期間は〈過渡〉に相当します。

お通夜や葬式において死者は生者から〈分離〉し、四十九日の期間に死者も生者も〈過渡〉を経験します。そして四十九日目の法要によって生者は日常生活に〈統合〉される一方、死者は四十九日目の裁きによって来世に〈統合〉されるのです。

これはあくまで仏教的な世界観にもとづいた葬送儀礼ですが、他の世界観においても3局面は見いだせるのでしょうか。葬送儀礼は世界中にみられるので、どの例でもよいのですが、ここではボルネオ島先住民のブヌア社会の葬送儀礼を見ていきます。

ブヌア社会は、**土葬した後しばらくして墓を掘り起こし、2度目の葬式を行うという二重葬の風習**があります。[*5]「掘り起こすの!?」と驚いた人もいるかもしれませんが、このような二重葬は沖縄の洗骨や奄美群島の改葬など、日本の一部にもみられます。

ブヌアの人びとの世界観では、死後の霊魂は、生者のまわりをさまよっているものの、ある時点で、精霊にかわり、死者の世界に行くことができると考えられています。この霊魂の精霊への転換は、遺体が完全に白骨化したときだとされます。それまでの期間、死者は危険な状態に置かれており、邪悪な霊が遺体に入り込み、怪物化する恐れがあるとされます。したがって、死者の霊魂が怪物化せず、しっかりと精霊になれるよう、生者は早く遺体の腐敗が進み、白骨化するように祈りを捧げます。

ブヌアの人びとは、人が亡くなったらまず1回目の葬式を行います。その後、遺体が白骨化し

図14：ブヌア社会の二重葬

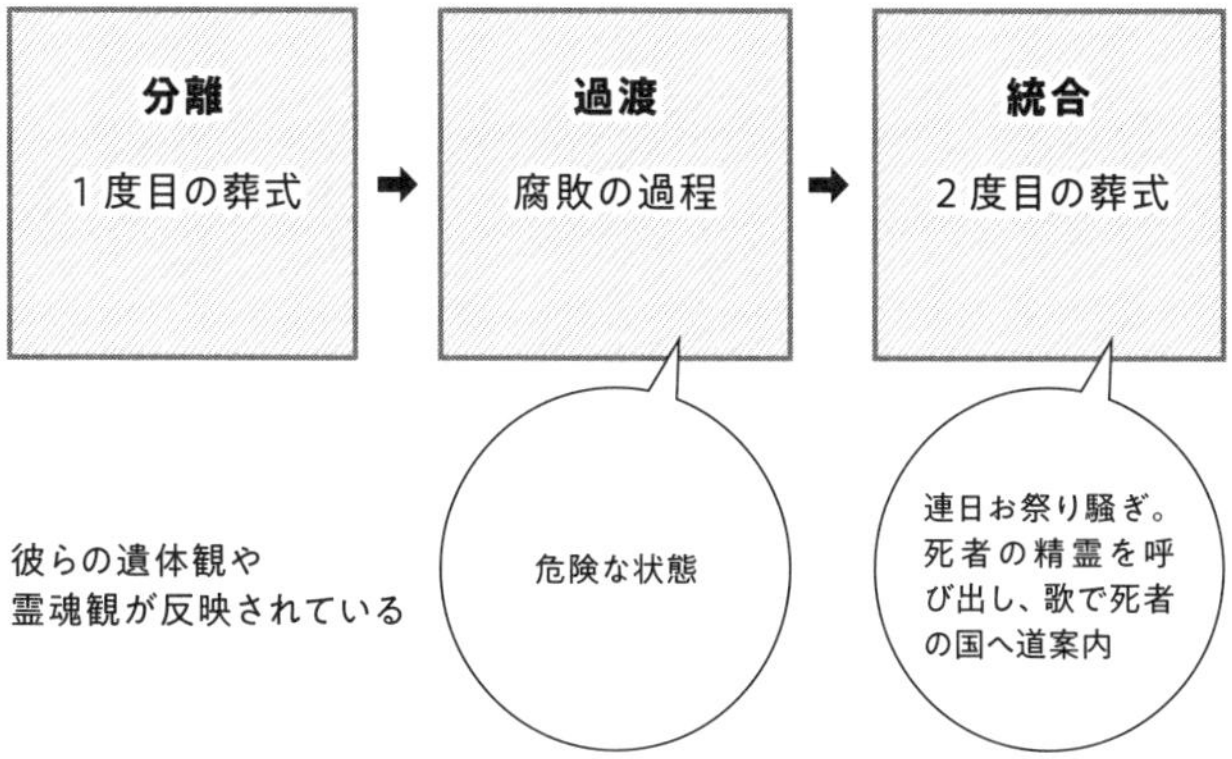

てから2回目の葬式を行い、死者が精霊となって死者の世界に旅立ったことを祝うのです。

ここにも3つの局面がみられることが分かるでしょう。1回目の葬式は生者と死者の〈分離〉、その後、〈過渡〉の期間が続き、白骨化した遺体を埋める2度目の葬式において、生者と死者はそれぞれ〈統合〉されるのです（図14）。

このように、葬送儀礼は単に生者と死者の〈分離〉を促す儀礼ではありません。喪のあいだなど一定の期間を含めてみることで、それぞれの世界観のなかで死者をしかるべき場所に無事に移行させる〈過渡〉の期間や、その期間の終了を告げる〈統合〉の契機も見いだせるのです。

ファン・ヘネップの3局面の図式がいかに広範囲の儀礼にわたって、共通する構造を説明しえているのかが、これらの事例を通して分かってもらえたと思います。世界中にある儀礼は、それぞれの世界観に即して多様な形態がみられるにもかかわらず、ふしぎなことにある程度共通する構造をもっているのです。文化は多様でありつつも、しかし抽象的なレベルで共通構造をもっているかもしれないという推測が成り立ちます。

3　リミナリティとコミュニタス

さて、ファン・ヘネップの儀礼の3局面という考え方は、その後の多くの研究に刺激を与えてきました。そのなかで、人類学の歴史上、よく言及されるのが、3局面のうちの〈過渡〉の重要性を強調した、ヴィクター・ターナーの「リミナリティ／コミュニタス論」です。

イギリスで人類学を学び、その後、アメリカの大学に拠点を移したターナーは、アフリカのンデンブ社会でフィールドワークを行いました。ンデンブ社会は、ザンビア北西部やアンゴラ、コンゴ民主共和国が国境を接する地域にあります。

ターナーは、主著『儀礼の過程』（1969年刊行）のなかで儀礼の〈過渡〉の局面を「**境界状況**（**リミナリティ**）」と言い換え、この状態において見いだせる特徴として次の3つを挙げています。

- **絶対的な服従や懲罰**

・新たな状況に適応する力
・平等意識や仲間意識

儀礼の参加者は、儀礼の執行者などへ絶対的に服従したり、執行者から懲罰を受けたりするなかで、新たな状況に適応する力を獲得する一方、人びとのあいだに平等意識や仲間意識が芽生えるということです。

抽象的な言い方になってしまったので、どういうことか分からないかもしれません。ここでは、ンデンブ社会の首長任命儀礼を通して、もう少し詳しく説明しましょう。

平民が首長を罵倒し続ける儀礼

ンデンブ社会では首長に就任する際、任命儀礼を行うことになっています。この儀礼は、村から離れた場所に木の葉でできたカフと呼ばれる小屋をつくるところから始まります。このカフは、「死」を意味する現地語から派生したものだとされます。

首長として選ばれた者は、儀礼上の妻——首長の第一夫人か女性奴隷——と一緒に、腰布だけを身につけて、日没直後にこの小屋に移動します。2人は、この儀礼のあいだ、ムワディという名で呼ばれます。

そして、小屋のなかに座らされた2人は、この地の先住民の聖職者であるカフアナから、次のような説教を受けます。

静かにせよ！　あなたはさもしい利己的な愚か者であり、気難しい人間である。あなたは自分の仲間を愛さずに、ただ怒ってばかりいる！　さもしさと盗みとがあなたのすべてである！[*6]

この説教はまだまだ続くのですが、説教が終わると、新しい首長に不満をもつ人びとが、彼を罵り、彼に悪口や侮辱的な言葉を投げかけるのです。首長はこのあいだずっと頭を下げて座っていなければなりません。「この前、俺のことを無視したな！　偉そうにしやがって」みたいな感じでしょうか。[*7]

新しい首長は一晩中、眠ることが禁じられています。そして、カフアナはこの首長に火のついた薪を取りに行かせるなど、首長を奴隷のように扱います。そして、首長はこうした扱いを根にもったり、悪口を言った人たちに復讐したりしてはならないとされます。

ここまでが首長任命儀礼の説明でしたが、ここで描写した部分は儀礼の3局面の〈過渡〉にあたります。村から離れた小屋に移動する過程が〈分離〉となり、この任命儀礼の後に行われる公開任命式をもって首長は正式にその地位につき、平民は日常生活に再び〈統合〉されます（図15）。この〈分離〉と〈統合〉のあいだにある〈過渡〉の局面に見いだせる特徴は、次の2点です。

図 15：ンデンブ社会の首長任命儀礼

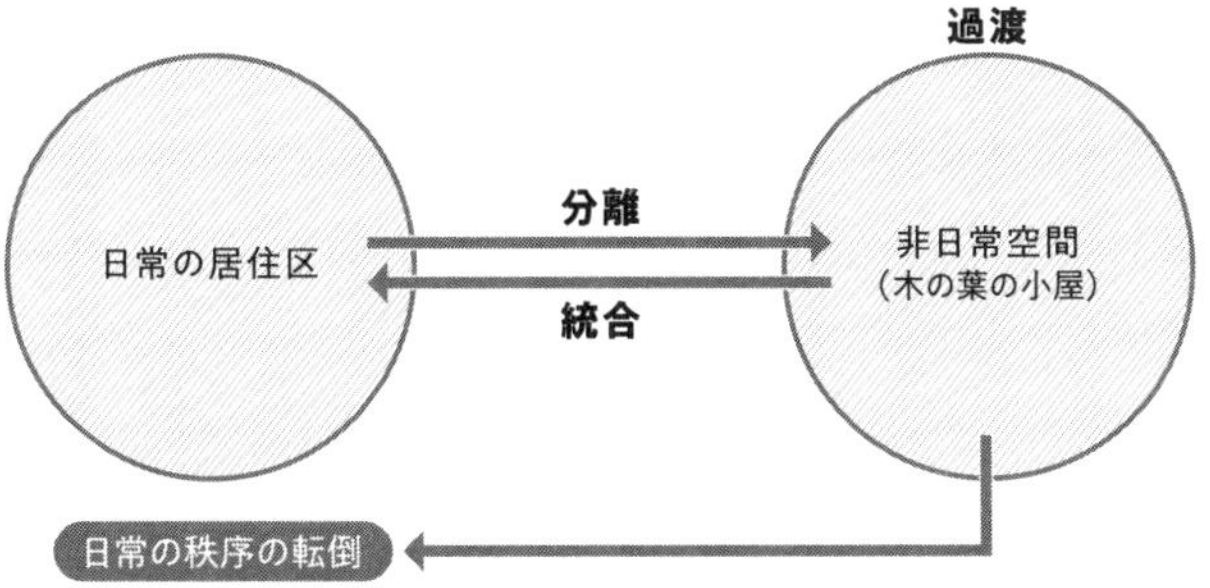

➢地位や属性のはく奪
➢妻と同じ名前で呼ばれ、妻とともにみすぼらしい服装になる
➢村人から罵声を浴びせられる。卑しい仕事をさせられる
➢奴隷のような立場
➢夜なのに寝させてくれない

まず、**見かけ上の性別、そして首長や妻という属性の消去**です。首長と儀礼上の妻はどちらも腰布だけを着用し、ムワディという名で呼ばれるといいましたが、このことによって、属性が消去されます。これはファン・ヘネップのいう〈過渡〉の特徴にもあった、身分や地位がどっちつかずであいまいな状態に相当します。つまり、子どもでも大人でもない状態というのと同じように、平民でも首長でもないということです。

次に、首長の絶対的な服従です。首長は平民から罵声を浴びせられたり、聖職者から奴隷のように扱われたりします。ターナーの説明によれば、これを経験することで、日常において高い地位につく首長は、自らの特権を行使して、私欲を追求したり、平民を虐げたりしないよう謙虚な姿勢を保たせることになります。これが新たな状況に適応する力になるわけです。

ところでこの儀礼、日本でも総理大臣が選ばれたときにやったらいいのではないかと思います。そうすれば普段から虐げられている一般人の気持ちが分かる、よい首相になるかもしれません。

境界状況のなかで人は仲間意識を育む

ンデンブ社会の首長任命儀礼に限らず、儀礼は多くの場合、境界状況（リミナリティ）——つまり〈過渡〉——において、身分や地位、財産、性別、階級といった日常の秩序から解き放たれた状態に置かれます。

これまで述べてきたように、儀礼において人びとは子どもから大人へ、生者から死者へ（あるいは輪廻転生の場合は、ある生から別の生へ）といったように、ある状態から別の状態へ移行します。この移行過程の中間地点である〈過渡〉あるいは境界状況において、人びとは身分や地位がいったん消去され、どっちつかずで両義的な状態になるのです。

ターナーは、この状態のなかで、人びとは平等な立場になり、仲間意識が生まれるといいます。彼は、この仲間意識を**コミュニタス**と名付けました。あらゆる地位や身分から解き放たれた平等な状況において、人びとは儀礼の執行者のもとで服従や懲罰を経験することで、連帯するわけです。

先ほどの首長任命儀礼でも、平民が首長を寄ってたかって罵倒することで、平民のあいだはもちろん平民と首長のあいだにも仲間意識が生まれます。首長は儀礼の最中に言われた悪口を根にもってはならないとされますから、日常に戻ったときに平民と敵対するわけにはいきません。あくまで謙虚にふるまうことを強いられた首長は、平民と強い絆で結ばれるのです。

こうして境界状況においてコミュニタスが発生することで、ふたたび日常に統合されたあと、その儀礼を行った共同体は、新たに再生すると考えられます。つまり、コミュニタスは日常の秩序に反するものであり、日常の社会構造に対する反構造なのです。

このようなリミナリティにおけるコミュニタスの発生という現象は、アフリカの首長任命のような特殊な儀礼ばかりでなく、さまざまな加入礼（成人儀礼）などの儀礼のなかに見いだすことができます。さらに、それは私たちの社会のなかにもあります。最後に、私たちの社会の加入礼を見てみましょう。

4　現代における通過儀礼

現代の成人式は通過儀礼か？

これまで見てきた通り、儀礼の一般的な特徴として〈分離〉〈過渡〉〈統合〉という3局面があり、とりわけ儀礼の前の段階から次の段階へと移行するあいだの〈過渡〉の局面では、参加者はあいまいでどっちつかずの状態に置かれることが分かりました。境界状況（リミナリティ）とも言い換えられるこの状態において、参加者はお互いに強い連帯意識をもつようになると考えられます。この連帯意識は、コミュニタスと呼ばれます。

こうしてまとめてみると、「儀礼って奥が深いな。でも、なんだか抽象的で分かりにくいな」と思ったかもしれません。それは儀礼が私たちの日常生活にとって疎遠で、あまりなじみがないと考えられているからでしょう。

しかし、私たちが儀礼とは呼ばないだけで、このような儀礼的な現象はさまざまな場面に見いだせます。この章では儀礼のなかでも加入礼（成人儀礼）を取り上げましたが、それなら私たちが20歳になったときに行う成人式にもあてはまるかな、と思った人もいるでしょう。

確かに、現代の日本社会にある成人式は子どもから大人に移行するときに行う通過儀礼に見えます。しかし、そこに儀礼の3局面が見いだせるかというと、それほど明確ではありません。日本では、奈良時代以降、男子が子どもから大人に移行する11〜16歳くらいのあいだに元服と呼ばれる成人儀礼が行われていました。この儀礼の後、子どもたちは大人の世界への仲間入りを果たし、普段身につける服装や髪型も変わりました。

一方、現代の成人式は、こうした共同体のなかに位置づけられた慣習とは異なります。現代の成人式の源流は、1946年に埼玉県蕨市で開催された「青年祭」という自治体主体のイベントです。これが成人式という名称で、全国に広まったのです。こういう背景を見ると、現代の成人式は行政主導のイベントであって、共同体の慣習ではありません。

ひねくれ者で友人のいなかった私は行政に与えられた行事などくだらないと思い、成人式に参加しませんでした。このように成人式に参加しない人もいますので、現代の成人式は共同体の義務ではなく、どこか形骸化しています。成人式に出ればその後は大人の仲間入りだといわれても、おそらくそういった実感はみなさんにもないでしょう。

現代では、子どもから大人への象徴的な意味での移行は、明確に定まっていません。18歳で選挙権が与えられるようになり、若者は18歳で大人の仲間入りを果たすように見えます。しかし、経済的にはまだ自立していない人も多く、20歳前後の若者は、いつの時点で大人になったといえるのか、象徴的な意味での区切りがあいまいな状態に置かれます。

〝シューカツ〟という通過儀礼

子どもから大人への移行の象徴的な区切りがはっきりしないなかで、唯一、通過儀礼に相当する現象があります。それが就職活動です。現代の〝シューカツ〟は、成人式に代わる、現代版の通過儀礼として機能しているように見えます。

転職などの職探しとは異なり、〝シューカツ〟と呼ばれる現象は、若者が一定の期間、一斉に経験するという特徴があります、就職活動は高校生がする場合もありますが、ここでは大学生の経験に絞って見ていきましょう。

大学生は3年生頃になると、就活セミナーや企業説明会などに参加し、就職を強く意識します。この頃から、大学生としての日常からの〈分離〉を経験します。就活が本格化すると、大学生はまさに境界状況（リミナリティ）に置かれます。大学生は一斉に黒や紺のリクルートスーツと真っ白なワイシャツやブラウスという衣装に身を包みます。

おもしろいことにリクルートスーツは男女ともに暗めの衣装で、社会人になってから着ることはありません。**就活だけの特別な衣装で、個性が消去され、匿名性が強調され、大学名に関係なく「就活生」と呼ばれるようになります。**これはンデンブの首長が腰布を着て、ムワディと呼ばれるという話に似ています。

就活生は内定がもらえるかどうか分からない不安定な状態に置かれ、大人からたくさんのダメ出しをもらいながら自己分析を行い、志望理由書を書きます。面接でも大人から厳しいことを言われるときがあります。しかし、ここでのダメ出しが後の社会人としての新しい人生への耐性を身につけることにつながります。これもンデンブの平民による首長への罵りに似ています。

面接時に出会った人たちはライバルでもありつつ、同じ苦境を経験する仲間でもあります。就活生同士の連帯感は、まさに非日常のなかでの仲間意識であり、コミュニタスと呼ぶにふさわしいものです。

ここには「絶対的な服従や懲罰・新たな状況に適応する力・平等意識や仲間意識」という、ターナーがンデンブの首長任命儀礼から導き出したリミナリティの特徴がすべて含まれていることが分かります。

このシューカツの一連の儀礼の最後を締めくくるのが、内定式あるいは入社式です。この段階で、就活生という特殊な立場から、あるいは学生という儀礼以前の身分から、会社員・公務員な

図16：通過儀礼としての“シューカツ”

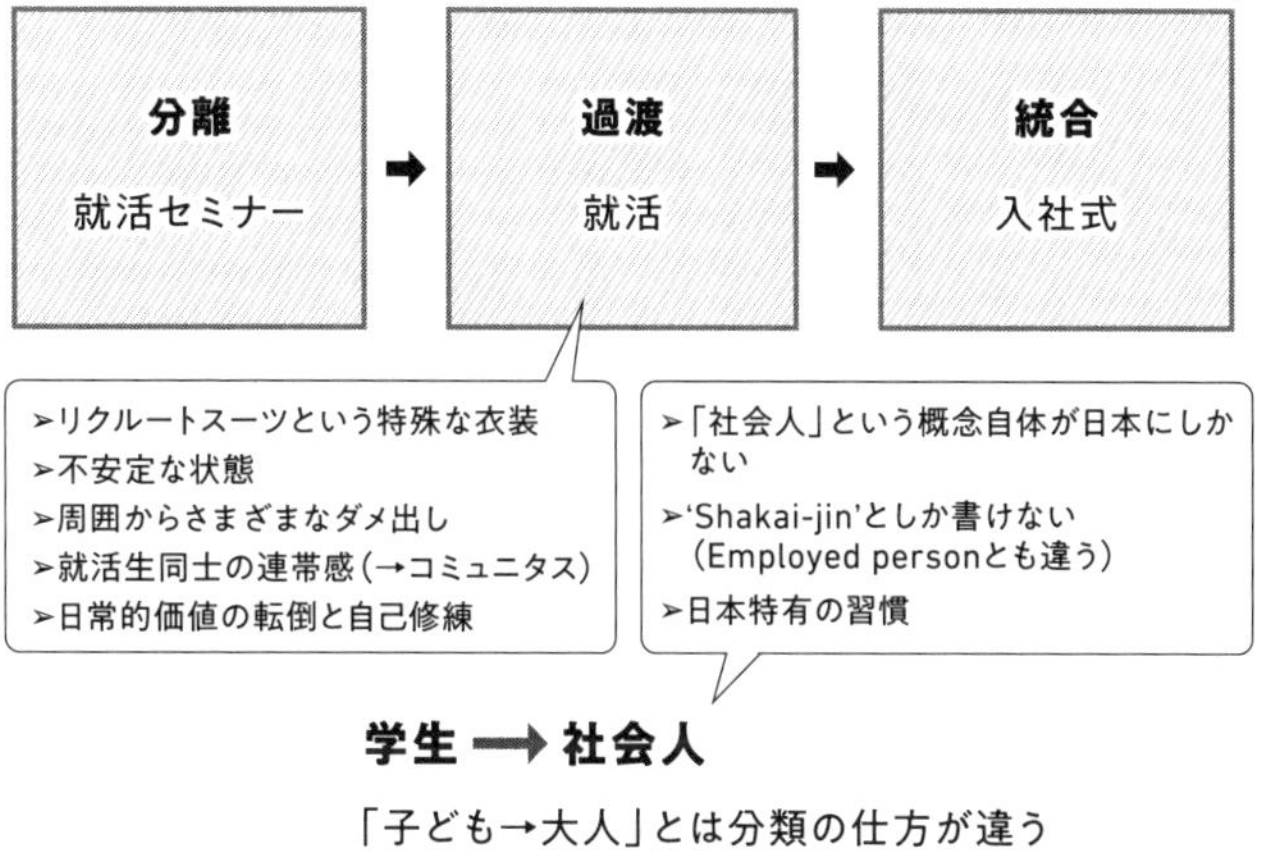

どという別の身分に〈統合〉されるわけです（図16）。

本章の冒頭で私は現代の就職活動がつらいのは通過儀礼だからだといいましたが、その意味が分かってきましたでしょうか。通過儀礼における境界状況では、往々にして儀礼の参加者が周囲の人びとから悪口や罵りを受けるといった現象が見いだせるのです。

「子ども→大人」ではなく「生徒・学生→社会人」

ここまでの説明で現代日本の就職活動が通過儀礼の一種であることは分かったでしょう。しかし、話はこれで終わりではありません。この一連の説明から日本社会の特徴の一端が見えてきます。

成人儀礼は一般的には「子ども」から「大人」というカテゴリーへの移行の際に行う儀礼です。しかし、この就職活動という儀礼は、「子ども→

図 17 :「社会人」とは何か

この現代日本特有の通過儀礼が成立する背景

➢ **「社会」という意味に関係**
「社会に出る」 × I go out to a society??

➢ **誰が、どこから、出るのか?**
空間の「敷居」を越えるイメージ　●境界線がある ➡ 通過儀礼が必要

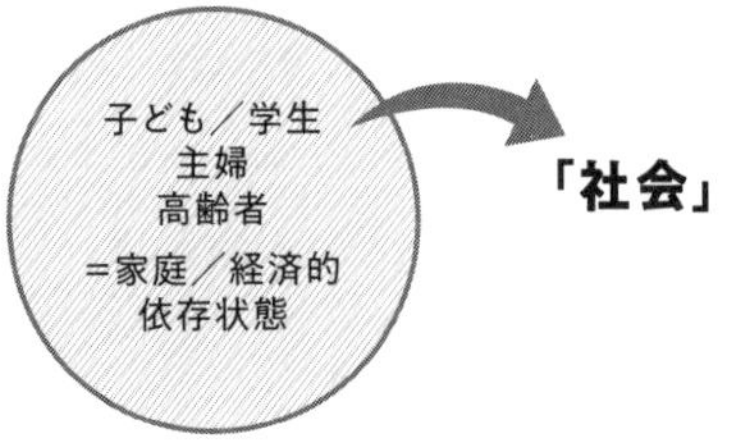

＊英語のsocietyに、この敷居・境界はない。子どもも、学生も、主婦も、societyの一員。

大人」よりも、「生徒・学生」から「社会人」というカテゴリーへの移行に際して行う儀礼と考えるほうが正確でしょう。なぜなら、**就職活動の後に〈統合〉された際に獲得される身分は「大人」ではなく「社会人」**だからです。

ところで、「社会人」という概念は、英語にはないことを知っていますか。英語には、労働者(labor／worker)という表現はありますが、それは日本語でいう「社会人」とはニュアンスが異なります。

学生生活が終わったあと、学生たちは社会に出ることになります。この「社会に出る」という表現は、英語に直訳できません。〝I go out to a society〟では、おかしいですよね？「社会に出る」というのは、誰がどこから出るのでしょうか。「社会に出る」といったときの前提には、子どもや学生、主婦、高齢者など経済的に依存している立場の人たちが、家庭という領域から外に出るという意味が含まれています。会社員や公務員など社会で一定の身分をもって働いてお金を稼いでいる人たちは、社会に出た人たちです。一方、学生や主婦、高齢者は社会に出ていない人たちです。子育て中の主婦が、子育てを終えて働くとき「社会復帰する」といいますが、このときの「社会」も、「社会に出る」の「社会」と同じ意味になります。

英語圏では、このような日本語の「社会」とは異なり、すべての人はsocietyの一員だと考えられています。ですから、「社会に出る」などとはいわないのです。

こう考えると、日本語の「社会」のメンバーは、どうも一定の身分をもって働いてお金を稼いでいる人になります。この人たちが「社会人」というカテゴリーに入るのです（図17）。

この現代日本に特有の「社会人」概念があるからこそ、就職活動という通過儀礼が成立するのだと考えられます。つまり、就職活動は、大人になるためではなく、社会人になるための通過儀礼なのです。これはひとつの世界観だといえます。この世界観が〝シューカツ〟という通過儀礼を支えていたのです。

経済的に従属しているメンバーが含まれる家庭という領域と、経済的に自立した人たちによって構成される社会という領域には、乗り越えがたい境界線があります。この境界線を乗り越えるためには、それ相応の儀礼が必要なのです。

＊1　小熊英二『日本社会のしくみ――雇用・教育・福祉の歴史社会学』講談社現代新書、2019年、314-315頁。

＊2　ヘンドリー、ジョイ『〈増補新版〉社会人類学入門――多文化共生のために』桑山敬己・堀口佐知子訳、法政大学出版局、2017年、78頁。

＊3　ヘネップ、ファン『通過儀礼』綾部恒雄・綾部裕子訳、岩波文庫、2012年、22-24頁

＊4　ちなみにこの考え方は中国の道教の考え方と混ざっています。

＊5　寺内大左「死と儀礼」『東南アジアで学ぶ文化人類学』箕曲在弘・二文字屋脩・吉田ゆか子編、昭和堂、2024年、161-166頁。

＊6　ターナー、ヴィクター・W『儀礼の過程』冨倉光雄訳、ちくま学芸文庫、2020年、161頁。

＊7　ターナーは具体的にどういう悪口を投げかけたのかを記していないので人びとの具体的な発言内容は不明です。

第6話 宗教と宗教心

日本人は本当に無宗教といえるのか？

先日、リビングの棚を掃除していたのですが、棚の奥に長年放置されていたお守りを見つけました。

試しに私は「このお守り、捨てるよ」と言うと、妻は「えっ、お守り捨てるの!?」と驚きました。「どうして？　ただの布の袋じゃないか。なかには何も入っていないし」という私に、妻は「お守りでしょ、バチがあたるわよ」と返しました。

1　お守りを捨てるとバチがあたる？

もちろん、私は本当にお守りを捨てたかったわけではありません。単にお守りを捨てようとすると、人はどう反応するか知りたかっただけです。おそらく、多くの人が妻と同じ反応をすることでしょう。

しかし、どうして私たちは、この小さな布袋を大事に取っておくのでしょうか。

交通安全、合格祈願、安産祈願など、日本ではさまざまな種類のお守りを買うことができます。お守りには私たちの願いを叶えてくれるかもしれないという漠然とした期待がかけられています。こうした期待を実現してくれるとされるのが「**カミサマ**」という超自然的な存在です。お守りにはその力が宿っているとされるからこそ、むやみに捨てることができないのです。

このように、私たちはお守りを目にしたとき、それが何を意味しているのかが分かります。しかし、はじめて日本に来る外国人には、事前の知識がなければ、お守りはただの小さな布袋にしか見えず、私たちが当然のように知っている護符《ごふ》の意味をもちえません。

キリスト教徒が十字架のネックレスを大切にしているのと同じように、私たちは神社で購入したお守りを大切にしています。**そこには何らかの宗教的な意味があるように見えますが、お守りを大事にもっている私たちは、いったい何教徒なのでしょうか。**

そう聞かれると、「いやいや何も信仰していませんよ」と答える人が多いはずです。もっとも、日本のお守りは「カミサマ」の力が宿っているとされているわけですから、神道と関係がありそうです。とはいえ、うちの妻もお守りを捨てるなと制止したからといって、自分が神道の信者であるとは認識していません。

十字架のネックレスとお守り——どちらも超自然的な力によって所持している人を災厄から守る意味をもつ物でありつつ、片方は特定の宗教の信者と強く結びつき、もう片方はそのような結びつきがありません。ここに宗教をめぐるふしぎな現象が見えてきます。

日本では、多くの人が初詣で参拝をしたり、お守りを大事にもったりしていても、自分は何か特定の宗教を信じているとは考えません。外国人の多くは、こういった現象を見て、「言っていることと、やっていることが違うではないか」と奇妙に思うはずです。

じっさい日本人のこのような傾向は、世論調査のデータからもいえます。２０１８年のＮＨＫ放送文化研究所の全国調査によれば、「宗教を信仰している」と回答した人は全体の36%でした。[*1]逆にいうと6割以上の人が無宗教だということになります。特定の信仰をもたない日本人が多数を占めています。日本人の大多数は、宗教とは無縁の生活を送っているように見えます。

しかし、「神仏を拝む頻度」を尋ねた同じＮＨＫの調査では、じつに約7割の人が1日1回以上~月1回の頻度で拝んでいると回答しています。年齢による差はあるものの、「無宗教」の回答の多さと比べると、どうもふしぎな感じがします。

初詣に行ったり、お守りをもっていたりするのは、確かにキリスト教徒が教会に行ったり、十字架のネックレスをもっていたりするのと同じなのだから、私たちは自分たちで意識していないだけで、じつは宗教を信仰しているのでしょうか。それとも、年に数度の神社への参拝やお守りの所持くらいでは宗教を信仰しているとまではいえないのでしょうか。

この問いの答えは、〝宗教の定義次第〟となります。

定義①　宗教とは、創始者がいて、教義と教団をもち、唯一神を崇める信仰体系である。
定義②　宗教とは、超自然的な力への信仰である。

もし宗教を①の意味でとらえるならば、多くの日本人は宗教をもっていないということになります。しかし、②の意味でとらえるならば、日本人ばかりでなく、世界中のほとんどの人が宗教をもつということになります。

ただし、私たちの感覚では②を宗教という言葉でとらえるのには違和感があるはずです。ですから、ここでは①を宗教、②を宗教心として分けてみたいと思います（①を創唱宗教、②を自然宗教とする見方もありますが、若干説明を補わなければいけないので、本書ではこの概念は使いません）。

いうなれば、多くの日本人は宗教をもっていないけれど、宗教心はもっているということになります。とはいえ、このように単純に両者を分けて話をおしまいにするのは、少しもったいない気がします。本章では①と②の複雑な関係をめぐって、文化人類学の宗教研究の一端に触れながら、文化人類学のものの見方のひとつを説明していきます。

2　万物に精霊が宿ると考える「アニミズム」

文化人類学は学問の誕生の頃から宗教が重要なテーマとなっていました。18〜19世紀のあいだに世界中に出向いた探検家の記録を通して、各地の人びとが西洋人には理解しがたい何かよく分からない対象に祈りを捧げていたり、不可解な儀礼を行っていたりする様子が西洋人に知られていました。

イギリスの文化人類学者であるエドワード・タイラーは、こうした探検家の記録をもとに、『原始文化』（1871年刊行）という書物を書き上げました。[*2] タイラーは同書において、世界にはキリスト教やイスラム教のような西洋人になじみのある宗教とは異なるけれども、それと似たような超自然的な力を崇拝する信仰があると論じたのです。つまり、彼は、この書物のなかで、**キリスト教やイスラム教、ユダヤ教のような教義体系をもったものだけが宗教なのではない**と主張したわけです。

宗教の起源はアニミズム？

タイラーは宗教の定義を拡げ、「宗教とは霊的存在（spiritual beings）についての信仰」だと主張しました。彼のいう宗教は、霊魂（souls）や精霊（spirits）、妖怪、神などの実体としては存在しない、人間の精神のなかにのみ存在する対象への信仰を指しています。

彼は、人間は肉体と精神の2つによって成り立っており、人間をはじめとする生物には霊が宿っているといいます。この「霊」なるものの語彙がそれぞれの言語によって異なっているものの、このような霊的な存在こそが生物に生命と運動を与え、知性や感情に作用しているのだと考えます。

タイラーの主張が今日でも繰り返し言及されるのは、宗教の意味を拡げ、この「肉体と霊魂の二重性」の観念を、草花や樹木、山、石、水のような自然物にまで適用したためです。このような万物に精霊が宿るという考えを、タイラーは「アニミズム（精霊信仰）」として概念化しました。*3

ただし、タイラーはさまざまな自然物に霊的な力をみとめるアニミズムという信仰形態を原始的なものとみなし、それは次第にヒンドゥー教のような多神教に変わり、最後はキリスト教のような一神教に進化していくと考えました。当時の西洋社会ではダーウィンの進化論の衝撃がかなり大きく、さまざまな学問分野に影響を与えていました。タイラーもこういった当時の知的風潮の影響を受け、自らの議論を進化論のひとつとしてまとめました。

もちろん、このような進化論的な見方は、現代では誤っているというのが定説になっており、そのまますべてを受け入れるわけにはいきません。しかし、タイラーが強調したアニミズムという考え方は、霊的な存在に対する信仰すべてを宗教的なものとしてくることで、宗教の定義を拡げたと評価できます。このような見方をすることで、宗教が単に明文化された教義をもつ信仰形態だけでなく、それにとどまらない何らかの超自然的なものへの信仰全体をとらえることが可能になりました。

お天道様《てんとさま》もアニミズム

タイラーが注目したアニミズムは、じつは日本で一般的にみられる現象です。たとえば、日本でも「お天道様が見ているわよ」などといって、誰も見ていないと思って悪いことをしないように戒《いまし》める表現があります。この「お天道様」は太陽を指していますが、太陽を人間のように見立てているわけです。これを擬人化といいます。この場合、太陽にも魂があり、人間が悪いことをしないように監視する崇高な存在として想像していることになります。タイラーによれば、「お天道様」のような観念も、一種の霊的存在についての信仰となるので、宗教的現象となるわけです。

日本には古来から樹木に霊的な力を認める慣習がありました。たとえば、「御神木《ごしんぼく》」という言い方があります。樹齢何十年、何百年という大木は生命力の象徴として、そこに神が宿るとされ大事にされてきました。そもそも神社は森と村の境界線上に建てられることが多いです。これは森そのものを信仰の対象として奉る慣習があるからです。

「鎮守《ちんじゅ》の森」という言葉を聞いたことがある人はいるかもしれません。これは神社の周囲に広がる森のことを指します。たいていの神社はこのような森林とセットになって建てられていますが、

「鎮守」というのは、その一帯の土地や社殿を守るという意味です。森そのものが土地の守護神であるわけです。日本のアニミズム的信仰の例を挙げればきりがありません。ぜひみなさんも探してみてください。

人類学はこのようなアニミズムばかりでなく、死者の霊魂を慰める祖霊崇拝や一族の始祖となる動植物や自然物を崇めるトーテミズム、憑依状態に陥った人物が霊魂のお告げを伝えるシャーマニズムなど、先述の宗教の定義①にあてはまらないさまざまな信仰も宗教ととらえて、熱心に探究してきました。

こうした長い歴史があるのにもかかわらず、一般的にはこれらの霊的存在への信仰は宗教とはみなしていません。それはなぜでしょうか。単に人類学者の努力が足りず、一般に人類学の知見が周知されていないだけなのでしょうか。そうとも言い切れない事情があります。

これを理解するために、いったん日本から離れて、日本と同様にアニミズム的信仰が存在するタイの信仰世界の変化について説明していきます。タイは仏教国として知られていますが、現在でもアニミズムが広く認められます。

袈裟を着た小坊主（上座部仏教の国ラオスにて、著者撮影）

3　タイ人の信仰世界

タイは仏教国だといわれるけれど……

タイは国民の約95％が仏教徒であり、国王は仏教徒でなければならないとされています。タイの旅行ガイドブックでは、「タイは敬虔な仏教徒の国」などと紹介されています。オレンジ色の袈裟を着用したお坊さんと金色の雲のような装飾が施された煌《きら》びやかな寺院のイメージは、タイを象徴するものですね。

タイの仏教は私たちの知る大乗仏教とは異なり、「上座部仏教」です。

上座部仏教は、出家者ばかりでなく、在家者にも日々の宗教実践を求めます。出家者は悟りを開くために寺院で修行を積む一方で、在家者は日々人助けをしたり、仏僧にお布施したりして徳を積むことがよいことだとされています。一般の人びとは葬式や法事のときだけ寺院を訪れるという日本の仏教とは大きく異なります。

さて、人類学者が宗教を研究する場合、**教義そのものを対象とするのではなく、人びとの生活のなかでどのように宗教的実践が位置づけられているのかを探究します。**たとえば、じっさいに出家して、仏教寺院の内部からその宗教のあり方を理解するフィールドワークも行われてきました。

しかし、多くの人類学者の宗教研究の中心は、たとえば村のなかで人びとがいつ、どのように宗教的とされる行為を営んでいるのかを観察したり、人びとの日常の会話のなかに表れる宗教的な要素に耳を傾けたり、ときに直接、人びとに宗教的な観念について話を聞いたりすることにあります。

こうして調査をしていくと、確かにタイの場合、「敬虔な仏教徒」というイメージに則した行為をたくさん見聞きすることになるのですが、人びとの日常生活に関わっていくと、それだけではとらえきれない多様な宗教的な実践に直面します。ここでは村のなかの宗教的実践について紹介していきます。

〝いるかもしれないけど、いないかもしれない〟タイの精霊ピー

タイ東北部の人びとの日常生活においてもっとも身近な超自然的存在は、ピーと呼ばれています。日本語では精霊と訳されていますが、日本における霊やカミの両方を指すものととらえるこ

とができます。

日本語を知っているタイの友人は、ピーは「おばけ」だといいます。タイはホラー映画が盛んにつくられている国なのですが、タイのホラー映画ではピーを悪霊として描くことが多いためです。こういったピーは人びとに取り憑いて災いをもたらします。しかし、ピーは悪霊ばかりではありません。祖先霊や守護霊、自然霊といった善霊になるピーもいます。[*4]

自然霊として、水のピーや山のピー、樹木のピー、さらには米のピーなど、タイの人びとは自然環境のなかに存在するさまざまな対象に超自然的な存在の姿を読み取っています。また、祖先霊はピークワンなど地域によってさまざまな名称がありますが、亡くなった人の魂もピーと名付けられます。他にも、家を守るピールアン、村を守るピーバーンなど、人びとの周囲には必ずといっていいほど守護霊となるピーの存在があります。

ピーという呼び方ではないものの、タイの東北部にはチャオプーやラックバーンという村の守護霊もいます。[*5]チャオプーは村の周縁部の森のなかに位置する祠《ほこら》に祭られます。どこか日本の地方の村にある鎮守の森の神社を思わせます。一方、ラックバーンは、村の柱という意味になります。これは、村の創建時に村の中心部の交差路や三叉路に立てられる柱です。

興味深いのは、**自然霊や守護霊のような善霊と、先述の悪霊は必ずしも明確に分けられるものではない**という点です。[*6]善霊は、お供え物や儀礼の執行による適切な扱いを怠ると悪霊として人間に災いをもたらすことがあります。自然霊や守護霊は、日本では水のカミや米のカミのように霊というよりカミと呼ぶほうが適切ですが、カミの怒りをかうと祟りが起きるという言い伝えに似ています。

　私たちもカミや幽霊の存在を信じる人もいれば、信じていない人、あるいはいるかどうか分からないと考える人がいるように、タイでもピーを強く信じる人からそうでない人まで、さまざまな人がいます。しかし、普段ピーを信じているかどうかにかかわらず、私たちが神社でお参りをするのと同じように、彼らも守護霊に願掛けをします。また、何か不幸なことが起こると私たちは何かの祟りだと思うのと同じように、彼らもピーポープ（悪霊）の仕業だと恐れます。

　さて、このようなピー信仰は、タイに仏教がもたらされる以前からありました。11世紀にスリランカ経由で東南アジア大陸部に上座部仏教がもたらされたのですが、タイには13世紀頃に導入されました。その後、上座部仏教と土着のピー信仰が混ざっていきます。

　近代化する前のタイでは、特別な修行をした仏僧が、悪霊退治などピーを操る超自然的な力をもつことができるとされてきました。タイでは、仏僧は寺院で修行するのとは別に、頭蛇行《とだこう》といって人里離れた森のなかにこもる修行をすることがあります。この頭蛇行を通して仏僧が悪霊を退治できるような超自然的な力を獲得するという信仰があるのです。[*7] 頭蛇行そのものは仏教の信仰のなかにみられるひとつの修行の形ですが、それが超自然的な力の獲得と結びつくのが、この地域に特徴的な部分だといえます。

　キリスト教はアジアやアメリカ、アフリカを植民地化する過程で、土着の信仰と軋轢を生み、これらを積極的に弾圧したり、排除したりする傾向がありました。**しかし、仏教はそもそもカミのような超自然的な存在を崇拝する教義をもたなかったからなのか、土着の超自然的存在への信仰を弾圧・排除することはあまりありませんでした。**タイでも、近代化される前の仏教はピー信仰を含み込みながら、人びとの信仰世界のなかに入り込んでいったのです。

しかし、こうした信仰世界は、19世紀後半のイギリスとフランスの東南アジア進出によって変化します。

仏教の中央集権化のなかで取り残された精霊ピー

19世紀後半、シャム――タイの当時の国名――は、英仏による植民地化を免れたものの、欧米の進出を無視することができなくなりました。シャムは独立を保つために国王ラーマ4世や5世の治世に、政治や経済などのあらゆる領域で中央集権化を図りました。これは明治維新後の日本とよく似た状況ですね。

このとき仏教も中央集権化していきます。１９０２年にサンガ統治法が施行され、サンガと呼ばれる寺院組織の国家による統制が進みました。たとえば、サンガを官僚組織のように体系化して、全国の寺院を強制的に加入させるなどの施策を行いました。[*8] 国王は仏教の守護者となり、仏教は事実上の「国教」となりました。

このとき仏教教義のなかに収まらないピー信仰が排除されたのです。もともと仏教とピー信仰は混然一体となっていたのにもかかわらず、仏教の中央集権化にともない、仏教は宗教――タイ語でサーサナー――の地位を獲得し、アニミズム的なピー信仰は仏教から切り離されます。こうしてピー信仰はなんだかいかがわしいものとして、仏教より劣位に置かれることになったのです。しかし、民衆の生活のなかでは、その後もピーは根強く信仰されます。

じつは日本の信仰世界も、このタイの信仰世界の変化と似た経緯をたどりました。タイの事例を参考にすることで、日本人が無宗教だといってはばからない背景にある事情が理解できます。

4 日本における宗教と宗教心

現在の私たちにはあまりなじみがないかもしれませんが、明治以前、とりわけ江戸時代の農村では日常生活のなかに超自然的存在が浸透していました。この超自然的存在は「カミ」とカタカナで表現されます。

カミは漢字で書く「神」とは少しニュアンスが異なります。**今では「神」と書くと、キリスト教でいうgodや、制度化された神道のなかで使われる「神様」を含んでいますが、日本に古来からあるカミは、もっと日常的な民衆のレベルでとらえられている身近な超自然的な存在です。**初詣などで神社に行って祈りを捧げるのは、どちらかというと漢字で書く「神」でしょう。ですから、このカミなるものは、今日の私たちがすでに忘れ去ってしまったものなのかもしれません。

さまざまなカミと神仏

さて、このカミは、江戸時代までの人びとにとってどれくらい身近なものだったのでしょうか。宗教学者の阿満利麿が分かりやすくまとめているので、それを参照してみましょう。

阿満によれば明治以前の農村の人びとは、**土間、敷居、板間、座敷といった、多くの人びとが住む家屋の構造にしたがって、カミや神仏を祭っていた**といいます。[*9] 土間には火のカミや水のカミ、敷居には敷居のカミがいると考えられていました。また、板間の囲炉裏《いろり》の背後には仏壇と神棚を置き、祖先や鎮守の神を祭りました。そして、座敷にも神棚を置き、こちらは伊勢神宮や八幡神社など有名大社のお札が祭られていました。この座敷の神棚は一家の主である男性が、それ以外のカミや神仏については夫婦どちらも、祈りを捧げていました。

阿満の指摘で興味深いのは、これらの家屋の構造には日本の民衆の歴史がそのまま残っているという点です。土間は弥生時代、板間は平安時代の寝殿造り、座敷は室町時代の武家の書院造りに由来するとされます。

したがって、それぞれのカミや神仏は、その時代から連綿と続く観念になります。すなわち、弥生時代から続く土間のカミが、もっとも古くから日本の家屋に住まう超自然的存在であり、座敷に祭られている神は、このなかではもっとも新しい超自然的存在だといいます。このように、日本の江戸時代までの農村の家屋を見れば、人びとの生活のなかに超自然的存在が息づいており、それらは長い歴史のなかで次第に積み重なってきたことが見てとれます。

「宗教」という概念の意味

明治時代になると、日本語における「宗教」という言葉の意味が、それ以前の意味から大きく変わりました。明治以前、「宗教」は、仏教における宗派の教えという意味でした。しかも、この言葉は当時の知識人層のなかだけで使われており、一般の人びとには、ほとんど知られていませんでした。それが、明治10年代に入り、英語の religion の訳語として定着しました。[*10]

このとき「宗教」のなかに含まれたのは、仏教、キリスト教、神道でした。しかし、これが後の混乱につながりました。というのも、**英語の religion は、もともとアブラハム系宗教[*11]——ユダヤ教、イスラム教、キリスト教——を指していたため、先述の定義①の「教団と教義があり、信者は入信という手続きを経て、教義にしたがって、唯一神を信仰する」という意味を含んでいた**からです。

みなさんも当然知っての通り、日本にはこれに見合う信仰体系はもともとありませんでした。もちろん、仏教には教団や教義はありますが、神に相当する存在はいません。「仏」はそもそも仏教の創始者とされるゴーダマ・シッダールダ——つまり、仏陀——を指しますから、かつて実在した人間です。また、「仏」は「ホトケ」と読みますが、日本では「ホトケ様」といった場合には、亡くなった祖先を指します。ホトケは超自然的存在ではあるのですが、アブラハム系宗教のような唯一神とはいえません。

もうひとつ、神道はもっとやっかいです。そもそも神道は「道」であり、「教」ではありません。確かに、「道」とは、道徳や道理などで使われる「道」と同様、物事の理（ことわり）――つまり、理屈や理路――ですから、神の教えという意味になります。こう考えると、神道を「宗教」としてくくるのは理にかなっているように見えます。しかし、神道には開祖がいませんし、明確な教義体系はありません。神道という言葉は、仏教が日本に伝来した6世紀に、仏教と区別するために、かつてから日本の人びとが信じていた超自然的存在であるカミへの信仰を表すものとして生まれました。

このようにreligionと宗教のあいだには、一定の隔たりがあります。私たちが今イメージする「宗教」に相当するものは、当時の日本にはなかったのだといえます。にもかかわらず、仏教や神道を宗教のなかに含めてしまったために、とりわけ明治期には神道をめぐって大きな論争が生まれました。それが「神道非宗教論」です。

神道非宗教論とさまざまなカミの分断

江戸時代が終わり、明治政府は天皇を主権者として新たな国家をつくることにしました。しかし、当時の人びとにとって天皇の存在感は薄く、いきなり天皇が主権者だといっても、人びとは実感をもてません。その正当性をどのように人びとに知らしめるかが問題となりました。

そこで当時の政府や知識人たちがもち出したのが、天皇はアマテラスという天上界の子孫であり、この子孫のみが日本を支配できるとする神話でした。このとき、『古事記』や『日本書紀』といった、今でいう古典がもち出され、それを通して人びとは天皇が国家の統治者であるとする観念をもつようになりました。

阿満によれば、天皇を中心とする国家を建設するために、天皇はこれまで一度も訪れたことのなかった伊勢神宮への参拝を行うようになったといいます。[*12] 伊勢神宮は天皇の先祖といわれるアマテラス大御神を祭る神社だからです。他にも、天皇が行う祭事は、明治以前には仏教的要素が含まれていたのですが、それが締め出されていきました。このような過程を経て、神道が日本という国の宗教、すなわち国教となりつつありました。

しかし、この神道の国教化には、さまざまな方面から反論がきました。当然、神仏とまとめて称されていた江戸から明治に変わり、仏教的要素が締め出されていったことに仏教界は不満をもちます。また、鎖国をやめ欧米諸国と外交関係をもつようになったことから、欧米諸国はキリスト教の布教をもくろんだのですが、神道の国教化はキリスト教の布教を難しくさせるため、欧米諸国からも批判が生まれました。

このような批判に対して、政府関係者や神道界からもち出された主張が「神道非宗教論」でした。神道は祖先を崇拝する祭祀なのだから、礼拝や祈念を含む宗教ではない、ということです。ただし、これはおかしな理屈です。祭祀という形式と、礼拝や祈念といった中身を分けることなどできません。祭祀をすれば、ふつうはそこに何らかの願いを込めることになるでしょうから祈念は含まれてしまいます。しかし、当時の議論では、あくまで建前であっても、神道を宗教から切り離すには、このような祭祀と祈念を分けるという理屈が必要だったのです。

　神道非宗教論では、日常の「カミ」ではなく、漢字で書く「神」の話をしましたが、「カミ」のほうはどうなったのでしょうか。江戸時代まで「カミ」は日常の生活空間のなかに住まう超自然的存在でした。このカミをリアルに感じなくなったのは、もちろん近代の科学技術の発展によって、非合理的なものを軽視するようになったという事実は無視できません。しかし、それだけが理由ではありません。

　阿満利麿によれば、神道の国教化はとん挫したものの、その過程で政府が神社合祀令を発布したとき、全国にある多種多様な神社は、中央集権化していきました。この神社統合の過程で、村の氏神など身近なカミガミは、他村に合併されるなどして、疎遠なものになっていきました。そして、この統合から排除されたカミガミは正当な神ではないものとして否定されていきました。阿満によれば、明治の初期におよそ11万あった神社は、この統合により２０００を下回ったといいます。つまり、10万を超える神社が統廃合されてなくなったわけです。[*13]

　こうした過程を経て、私たちは毎年、初詣に行く人が多いのにもかかわらず、神道を宗教とはみなさないという感覚がつくられました。そして、日常のカミガミは制度化された神の劣位に置かれるようになったのです。

5　日本は無宗教なのか？

日本にもとからいた土着のカミ、そこから派生した神といった、超自然的存在が混在していた農村の日常的な信仰世界。そこに、religion という外来語を通した「宗教」の意味の変容や神道非宗教論、カミガミの排除といったさまざまな契機が覆いかぶさることで、日常の信仰世界は大きく変化を遂げました。

宗教への忌避感や特定の宗教を信じないという態度、にもかかわらず超自然的存在を祈念する実践といった現代日本の信仰世界は、昔から変わらず日本にあったのではありません。そうではなく、このような歴史的な過程を経てつくられていったのです。

日本は無宗教なのかという問いに対する答えとしては、宗教の定義次第だというほかありません。宗教をアブラハム系宗教のように、創始者・教義・教団・唯一神といった要素を含む信仰体系だと考えるのであれば、日本人の多くは無宗教だといえます。しかし、冒頭で挙げたタイラーの定義のように宗教を、超自然的存在への信仰と広くとらえるのであれば、私たちを含めて、それは誰しもがもつものだといえます。

日本でも土着のカミは、タイ人のピー信仰と同様に、超自然的存在を恐れ、敬い、祈念する対象であり続けてきました。これを「宗教」という言葉でくくるのは確かに違和感があるかもしれません。しかし、「宗教心」という言葉でとらえるならば、それほど変な感じはしないでしょう。とはいえ、この日本社会に広くみられる「宗教心」を、私たち自身の祖先が意識の彼方に追いやってしまったのです。

私たちは、このような宗教心にも目を向けることで、宗教への忌避感を相対化して、人間社会がもつ多様な宗教や宗教心に注目してみると、これまで見えてこなかった人間の奥深さや複雑さに気づけるかもしれません。

＊1　小林利行「日本人の宗教的意識や行動はどう変わったか――ISSP国際比較調査「宗教」・日本の結果から」『放送研究と調査』第69巻第4号、2019年、52-72頁。
＊2　タイラー、エドワード・B『原始文化〈上〉』松村一男監修、奥山倫明・奥山史亮・長谷千代子・堀雅彦訳、国書刊行会、2019年。
＊3　アニミズムについて詳しく知りたい人は、岩田慶治『アニミズム時代』（法蔵館文庫、2020年）を読んでみましょう。
＊4　津村文彦『東北タイにおける精霊と呪術師の人類学』めこん、2015年、113頁。
＊5　前掲書、117頁。
＊6　前掲書、120頁。
＊7　林行夫『ラオ人社会の宗教と文化変容――東北タイの地域・宗教社会誌』京都大学学術出版会、2000年、323-335頁。
＊8　石井米雄『上座部仏教の政治社会学――国教の構造』創文社、1975年、156-157頁。
＊9　阿満利麿『日本人はなぜ無宗教なのか』ちくま新書、1996年、101-103頁。
＊10　磯前順一『近代日本の宗教言説とその系譜――宗教・国家・神道』岩波書店、2003年、36-39頁。
＊11　ユダヤ教、キリスト教、イスラム教の3宗教は、アブラハムを共通の祖先とすることから、アブラハム系宗教と呼ばれることがあります。アブラハムは、『旧約聖書』のなかで、ノアの洪水の後、神による救済を実現させる者として選ばれた最初の預言者です。

*12　阿満、前掲書、84頁。
*13　阿満、前掲書、106頁。

第7話

呪術と科学

なぜ不運なことが起きたとき「〝努力〟が足りなかった」と思うのか？

明日は大事な入試の日。

インフルエンザが流行っているからと日々マスクを着用し、手洗いを欠かさず、十分な睡眠をとって万全の態勢で準備をしてきた。

ところがなんと当日の朝、どこかだるいなと思って体温を測ると、39・5度！

あきらめきれずに起きようとしても身体が動きません。「あ〜、終わった……」と絶望感に襲われる……。

1　大事な日に風邪を引くのは不運？　あるいは努力不足？

さて、みなさんのなかには、これと似たような経験をしたことがある人もいるでしょう。

「なんでこんな大事な日に高熱を出してしまったのだろう」――そう思う気持ちは分かります。こういうとき、「2日前の帰宅後に手を洗わずパンを手づかみで食べたからですね。このときにウイルスが体内に入ったのでしょう」などと医者に説明されても、どこか納得がいきませんよね。

何らかのタイミングで細菌やウイルスが体内に侵入したことくらいは分かっているのです。いくら高熱が出た医学的理由を説明されても、何かが違うと感じるかもしれません。

なぜあの日に限って手を洗わなかったのか。なぜあのときに限って咳き込んでいる友人と一緒にいたのか。なぜあのときに限って手づかみでパンを食べてしまったのか。考えだしたらきりがありません。

もしあなたの友人がそういうことを言い出したら、あなたは何と声をかけるでしょうか。

①　それは運が悪かっただけだよ。

②　健康管理の努力をおこたったね。

③　神のご加護がなかったのだよ。

④ 君を妬んで妖術をかけた人がいるんだよ。

さて、「ありえないでしょ」と思うような発言を含めて、①～④の選択肢を並べてみました。もしこの4つの選択肢しかなかったら、おそらく多くの人は①を選ぶでしょう。ちょっと意地悪な人は②を選ぶかもしれません。敬虔なクリスチャンやムスリム（イスラム教徒）であれば、③もありうるでしょう。でも、④は？「いや、ないない」という声が聞こえてきそうです。

しかし、この広い世界には、④のような発言が現実味をおびる社会もあるのです。

この章の主題は、妖術や呪術です。一見、これが私たちの生活と何の関係があるのかと思うかもしれません。しかし、この章を読み進めていくと、妖術や呪術といった現象はそれほど遠い世界のものでもないということが分かってきます。

さらに、先ほどの①～④の選択肢が、類似の思考法のバリエーションにすぎないということも見えてきます。運・努力・神・妖術という関係なさそうな言葉をつなぐものは何か。本章の最後で種明かしをしたいと思います。

2 呪術から宗教へ、そして科学へ

呪術は古代から現代にかけて世界中でみられる現象です。文化人類学は100年以上前から、

「呪術や妖術とは何か」と考えてきました。**人類学では呪術を単なる迷信として、とるに足らないものと考えるのではなく、人間に不可欠な営為ととらえてきました。**そして、呪術と一見正反対に見える「科学」を比較することによって、人類学者は呪術の本質を探究してきたのです。

呪術と科学の関係について最初に言及した人類学者は、これまでも何回か登場したジェームズ・フレーザーでした。フレーザーは、主著『金枝篇』において、世界を旅した探検家や宣教師による膨大な数の記録を用いて、世界中の呪術や風習について紹介し、後の人類学者による探究の礎《いしずえ》を築きました。

当時の人類学はまだフィールドワークという手法が十分に確立されていなかったため、こうした探検家や宣教師の記述をもとに自説を唱える研究ばかりでした。フィールドワークが重視されるようになった1920年代以降、フレーザーのような人類学者は、立派な椅子に座ったまま研究を行うという意味で「安楽椅子の人類学者」と揶揄されるようになりました。とはいえ、その後の人類学者に大きな影響を与えたことは間違いありません。

模倣呪術と感染呪術

フレーザーによれば、呪術とは超自然の代理人である呪術師によって、超自然的な観念にもとづいて遠く離れた対象に働きかけて、その対象を意のままに操ろうとする営為であるといいます。

彼はこれを「**共感呪術**」という言葉で表現しています。しかし、なぜ「共感」なのでしょうか。

日本語で「共感」というと、「あなたの気持ちも分かるよ」というように、相手の気持ちを想像できることを指します。ですので、フレーザーの呪術理解のどこに「共感」が見いだせるのかよく分かりません。

しかし、英語のsympathyをもとに考えると、よく分かります。接頭辞のsym/synは、「シンクロする」というときにも使われるように、離れたもの同士が同じ動きをする——同期する——という意味を含みます。シンクロナイズドスイミングのイメージです。そして、pathyはラテン語のパトスに由来しており、「感情・受苦」という意味がもとにあります。ですので、sympathyは遠く離れたもの同士で苦難の感情を同期させるということになります。

フレーザーがいう共感呪術とは、**「雨よ！　降れ〜」「憎たらしい奴よ！　苦しめ〜」といった苦難の想いをカミサマや危害を加えたい対象に共有させること**を指します。[*1] 彼は呪術を単に荒唐無稽な超能力を信じる人たちが行う非理性的な行為として見るのではなく、多様な事例を通して、そこにみられる共通するパターンを析出したのです。

そのうえでフレーザーは、呪術には「模倣呪術」と「感染呪術」の2種類があるといいました。それぞれの例をひとつずつ出してみましょう。

【模倣呪術】ニューギニア島の西にあるハルマヘラ島では、呪術師が特定の木の枝を水に浸し、地に水を撒くことで雨をもたらす。[*2]

【感染呪術】 **カロリン諸島のポナペでは、へその緒を貝殻に入れ、その子に一番適するものとして両親が選んだ職業にしたがって処置する（木登り上手な名人にしようと思えば、それを木の枝に掛けておく[*3]）。**

このようにどちらも遠く離れた対象への「共感（sympathy）」がみられるのですが、その「共感」の方法が異なります。「模倣呪術」の例では、水を撒くことが、雨を降らすことの模倣になっています。危害を加えたい人の形を模した藁人形をつくり、神社の樹木にくくりつけて、藁人形に五寸釘を打つという「丑の刻参り」（上図）もこれに該当します。ここには、降雨や特定の人物への危害の付加という、呪術師がもたらしたい結果が現実のものになるよう水の散布や藁人形の打刻という儀礼を実施しています。つまり、儀礼を通してもたらしたい結果を真似しているわけです。どちらも「水の散布≒降雨」「藁人形の打刻≒人間

丑時参　鳥山石燕『今昔画図続百鬼』
（九州大学附属図書館所蔵）

への危害の付加」という、もたらしたい結果と儀礼のあいだに類似性がみられます。いわば「類似の法則」にもとづいた儀礼です。

一方、「感染呪術」の例では、へその緒がその子の守護霊とみなされており、その子の魂の一部を宿す物質的存在とみなされています。感染呪術では、多くの場合、呪ったり成就させたりしたい人物の髪の毛や爪、唾液、へその緒などの身体の一部や、その人が着用していた衣類が使われます。こちらは、影響を与えたい人物や物の一部を切り離して、呪術師がそれを使って儀礼を行います。ここには、一部が切り離れたとしても、想像の上では影響を与えたい人物や物と接触しているという前提があります。いわば「接触の法則」にもとづいた儀礼です。

呪術から科学への進化？

フレーザーは、宗教の進化を提唱したエドワード・タイラー（第6話に登場）に影響を受け、独自の進化論を唱えました。彼は、呪術は宗教に、そして宗教は科学に進化すると考えたのです。

彼は、人びとの知識が増えていくことで、「あれっ、呪術の効力ってほとんどないじゃないか」と気づき、超自然——いわゆる奇跡——の偉大さと人間の卑小さを認識するようになるといいます。これは「自然への無力の告白[*4]」だといえます。**こうして、自分たちでは超自然に働きかけることができないことを知り、超自然的な力は人間の領分から切り離され、神の観念が生まれ、体系的な教義をもった宗教へと発展すると考えました。**

しかし、フレーザーは、この段階では人びとはまだ科学的な自然の法則性について理解できていないため、超自然の秩序をつかさどる神への祈禱や供犠を通して超自然への働きかけを行うと考えています。

その後、近代になり、自然現象に一般化可能な法則性があることに気づいた人びとは、神への信仰から科学的思考へと移行します。フレーザーが多感な時期を過ごした19世紀後半のイギリスは「世界の工場」と呼ばれ、彼が生まれたスコットランドは造船と機械工業で栄えました。まさに科学技術の中心だったため、科学への絶大な信頼があったのでしょう。フレーザーは、当時の多くの西洋人と同様に、宗教から科学へという「進化」の過程を思い描いていました。この過程のなかに、宗教以前の段階として呪術を位置づけたのです。

3　呪術は宗教、そして科学へと進化するのか？

そもそも呪術と宗教は分けられるのか

このフレーザーの「呪術→宗教→科学」という進化論的図式は、呪術を迷信として退け、宗教と切り離し、宗教を呪術よりも上位に置きたいという当時の西洋人の認識が反映されていました。この図式は、呪術を西洋人にとっての他者――つまりよく理解できないもの――の側に置き、宗教と科学を自分たち西洋人の側に置くという発想のもとでつくられたのです。

しかし、呪術と宗教は明確に分けることはできません。じっさい中世ヨーロッパではキリスト教の信仰と民間信仰は混然一体となっていました。そのなかでは、呪術といえるような実践も混じっていました。

たとえば、中世ではキリスト教徒のなかで異端者などが魔女とされ、拷問を受け、処刑されるという魔女狩りが行われていました。魔女は神に背いて悪魔と契りを結んだ者だと考えられており、農作物や家畜に被害をもたらしたり、人を病気に陥れたり、殺害したりする神秘的な力をもつとされていました。これは呪術――正確にいえば、後述する妖術――的な思考によるものです。

日本でも古い時代の呪術師として知られているのは陰陽師です。もっとも有名な陰陽師は、安倍晴明ですね。マンガやテレビドラマの題材としてよく取り上げられるので、知っている人は多いでしょう。陰陽師は天武天皇の時代（673年～686年）に設けられた、陰陽五行思想をもとに占いを行う神職です。平安時代には神格化され、さまざまな呪術的祭祀を行うようになりました。陰陽師はもともと民間信仰でしたが、やがてそれが仏教や神道と結びついていきます。陰陽師は神社や宮中で儀式を担うようになったり、仏教的な供養――特に密教のもの――の一部を取り入れて悪霊退治や病気治癒を行ったりしました。このように呪術と宗教の混在は世界各地にみられます。

しかし、これらの呪術と宗教の混然一体となった状態は、まずは西洋で呪術を劣位に置く状態に変わっていきました。西洋人は近代に入り、魔女狩りは迷信だとして退けていきます。その後、西洋列強の植民地化のなかで宣教師がアフリカやアジアの各地にキリスト教を布教していく際も、彼らは土着の信仰を迷信として排除しました。この土着の信仰の多くは呪術といえるものでした。

したがって、呪術と宗教は本来混ざり合うものであるにもかかわらず、フレーザーがそれを分けようとしたのは、まさに当時のキリスト教思想の暗黙の前提が関わっていたのだといえます。呪術と宗教は別だという暗黙の前提は、その後、世界的に普及していきます。

たとえば、20世紀に入り、バリ島のヒンドゥー教は宗主国だったオランダの影響を受け、『ヴェーダ』という経典にしたがうように制度化されたなかで、呪術は宗教（agama）ではなく、慣習（adat）として劣位に置かれることになりました。日本でも第6話で説明した通り、明治時代には西洋列強の外圧により神道の国教化が進められるなかで、呪術的要素をもつ土着のカミは劣位に置かれました。陰陽師もまた、このなかで迷信として排除されていったのです。

ここからいえることは、**進化論的図式はあたかも世界の真実を記しているように見えるけれども、それは西洋人の思い込みの産物であり、実態を反映しているわけではない**、ということです。さらに、その思い込みを通して、世界中で宗教を優位に、呪術を劣位に置く世界観がじっさいにつくられていった、という点も忘れてはいけません。人間の想像力の産物が現実の世界全体の秩序を変えてしまうことがあるのです。

科学と呪術の共通性

呪術と宗教が本来分けられるものではないということが分かったうえで、次に科学と呪術の関係を見ていきましょう。両者は一見、まったく異なる実践であるかのように見えます。しかし、両者には類似している点があります。

フレーザーは、確かに呪術は宗教へ、そして宗教は科学へと進化すると信じていましたが、呪術と科学の類似性にも目を向けていました。彼は、**呪術と科学はどちらも自然に働きかけるための因果関係にしたがった行為という点で同じではないか**といいます。どういうことでしょうか。

前述の「丑の刻参り」の例でいえば、身体の不調と五寸釘の打刻が因果関係で結びついています。五寸釘を打てば、呪いたい対象の人物の身体に不調をきたすという因果関係です。科学的知識をもっている私たちからすれば、これは誤った因果関係だと判断します。ですから、フレーザーは、呪術を誤った科学という意味で「疑似科学」といいます。

一方、科学的思考にもとづいて、何者かの身体にひそかに不調をもたらしたいのであれば、おそらく毒物や薬物の入った飲み物を本人に気づかずに飲ませるといった方法をとるでしょう。睡眠薬の大量摂取は血圧の低下を招き、ときには死に至ります。化学や生物学の知識があれば、睡眠薬の大量摂取と死亡との因果関係の連鎖は説明できます。ただし、これらの知識がなかったとしても、睡眠薬の大量摂取が死亡をもたらすという因果関係の背景には、科学的な因果関係があるのだろうということは推測できます。

このように、呪術と科学は、どちらも何らかの因果関係にもとづく思考がみられます。もっとも、両者の背景にある因果関係の複雑さは異なります。呪術の因果関係は極めて単純であるのに対し、科学の因果関係は呪術のものよりずっと複雑です。とはいえ、呪術は無知蒙昧な知識以前の行為なのではなく、**科学の基準から見ると誤っているとはいえ、一定の合理性が見いだせる**ということはいえそうです。

呪術における因果関係は、確かに現代の科学的な思考法が身についた私たちから見れば誤りではあります。しかし、この因果関係が当事者たちにとって妥当だと思われていた背景には、彼らの**世界観**があります。すなわち、目に見えない超自然的な力が存在しており、それが遠く離れた人物に伝わるという呪術的世界観があるからこそ、藁人形に五寸釘を打つことが遠く離れた人物に影響を及ぼすという考え方に現実味がおびるのです。

呪術・科学と世界観の関係

世界観とは、人びとがもつ信念の体系などといわれます。もっとも、人類学者のなかでも共通の定義があるわけではありません。しかし、具体的に述べるなら、第4話で説明した浄・不浄の観念や第5話で触れた各地の死生観を指します。こうした世界観は日常生活や儀礼、あるいは神話のなかに表されます。

現実の世界の話ではありませんが、このような世界観はファンタジー小説の世界のなかには明瞭に見いだせます。たとえば、人類学者でもある小説家、上橋菜穂子の『精霊の守り人』には、呪術師のトロガイたちが住む国で行われる、松明《たいまつ》をもって人びとが歩く雨乞い儀礼が描かれます。これは、火を通して土の精霊から水の精霊を守るという意味があるとされます。トロガイはこの儀礼が「水は土に負け、土は火に負ける」という彼らの国の世界観の表れだということに気づきます。このように世界観は、人びとによる儀礼などのさまざまな文化的現象への意味づけのなかに見いだせるのです。

この意味では、第5話の「就活」という通過儀礼の背後にある日本語に特有の「社会人」に関する観念も、世界観のひとつといえるかもしれません。

かつての人類学者はこれらを通して、調査する社会の世界観を体系的に明らかにしようとすることを試みました。しかし、現代の人類学者は、人びとの心のなかに確固たる世界観なるものがインストールされているわけではないと考えています。さらに、私たちは複数の世界観のなかを生きていて、特定の世界観を拒否したり、否定したりすることもあります（たとえば、「社会に出る」ことからあえて距離をおく人たちがいるように）。

とはいえ、先述の五寸釘の打刻の例から分かる通り、人びとの日常的な物事の理解のなかに何らかの特徴的な考え方を見いだすことは、ある程度可能です。**呪術という現象の背景には、科学とは異なる世界観があり、その世界観のもとで人びとの行為が意味づけられ、説明されることになるわけです。**ですから、呪術も、科学とは異なる知識にもとづいた行為であるといえます。

呪術と科学の相違性

フレーザーの呪術と科学の共通性に関する見解はとても鋭いものでしたが、整理された議論を展開しているわけではありませんでした。この見解を引き継いで、さらに議論を発展させたのは、本書で何度か言及してきた、フレーザーを師と仰ぐマリノフスキーでした。

マリノフスキーは、確かに呪術と科学には共通する思考パターンが見いだせるけれども、やはり両者の違いを明確にすることは大事だと考えました。

呪術は伝統に根ざし、神秘的な力を使って物事を動かそうとします。そこには**自然現象は人間たちにとって操作可能であるという楽観主義**が見いだせます。マリノフスキーは、このような呪術の特質を、皮肉をこめて「希望という崇高な愚かさ」といいます。[*5]

一方、科学は経験や観察にもとづき、理性的な推論を通して規則性を見いだそうとします。さらに、繰り返される経験や観察を通して、見いだされた自然現象に対する一定の理解は修正されることがあります。呪術のように知識の伝達が閉鎖的に行われるのではなく、科学の知識は人びとに開かれており、試行錯誤のうえで更新されていく性質があります。

このように科学をとらえる場合、科学は、いわゆる「未開」と呼ばれていた当時の人類学者たちが対象とする社会にも見いだせます。フレーザーは、「未開社会」には呪術的・宗教的思考があり、「近代社会」には科学的思考があるという対比を前提としていました。しかし、マリノフスキーは自身のトロブリアンド諸島におけるフィールドワークの経験から、島の人びとの造船や航海の技術はあくまで科学的な思考法にもとづいているといいます。

したがって、「未開社会」といえども、すべてが呪術的な信念にもとづいて生活が営まれているのではないと強調します。現代においては、いわゆる「未開」と呼ばれる社会はなくなっていることを念頭に置くと、なんともあたりまえの主張であるといわざるをえません。

とはいえ、これをふまえると、「呪術」は「科学」に進化するかどうかではなく、**「呪術」と「科学」はどのように共存しているのか**に変わってきます。この論点を考えるために、第2話にも登場したイギリスの人類学者エヴァンズ＝プリチャードが1937年に刊行した『アザンデ人の世界』を紐解いてみましょう。というのも、この民族誌は極めて詳細な事例をもとに呪術と科学の関係を考察しているからです。

4　アザンデの妖術

マリノフスキーの最初の学生だったエヴァンズ＝プリチャードは、アフリカのスーダンでヌアー（ヌエル）やアザンデと呼ばれる人びとに関する詳細な民族誌を書きました。これにより、彼は人類学者のなかでは知らない人はいないほど著名な人物になりました。

エヴァンズ＝プリチャードは1926年から1930年にかけて計20か月にわたり、現在の南スーダンとコンゴ共和国の国境周辺に住んでいるアザンデ人のもとでフィールドワークをしました。彼が注目したのは、アザンデ人の妖術です。

呪術、邪術、妖術

彼は、そもそも「呪術」とこれまで呼んできた現象には、いくつかの種類があるといいます。まずはこの言葉をもう少し正確に、現地の状況にしたがって分ける作業をしました。

妖術（witchcraft）……本人が意図していなくても他人に危害を加えてしまう力
邪術（sorcery）……本人が意図して呪薬を使用して他人に危害を加えられるとされる技術
呪術（magic）……本人が意図して呪薬を使用して何らかの目的を達成することができるとされる技術

これはあくまでアザンデ人の分類であって、どこでも普遍的にあてはまるものではないといいます。たとえば、アザンデ人は草木でつくられた呪薬を用いますが、他の集団では呪文や呪物を用いて呪術や邪術を行います。

アザンデ人の世界では、これら3つに分けた場合、とりわけ妖術に関する語りが生活のいたるところに見いだされ、それが彼らの生活の中心的な関心事であるとされます。以下ではアザンデ人の妖術がどのようなものかを紹介して、呪術的思考と科学的思考の関係について検討してみます。

作物の不作も妻の不機嫌も、何でも妖術のせい？

フィールドワークを開始した直後から、エヴァンズ＝プリチャードは現地の人びとが頻繁に妖術――現地語でマング――の話をしていることに気づきます。彼は、「父親が亡くなったのはマングのせいだ」「落花生が病気にかかり収穫が台無しになったのはマングのせいだ」「妻が不機嫌で夫の言うことを聞かなくなったのはマングのせいだ」といった発言を日常の会話のなかで何度も耳にします。

アザンデ人の妖術とは妖物が発する力のことで、人の健康や財産に危害を加えることができるとされます。妖物とは、特定の体内にあるとされる物質のことで、黒いかたまりや袋だと考えられています。彼は、この妖物は小腸か膵のうではないかと推測していますが、定かではありません。

この妖物を体内に宿しているとされるのが、妖術師です。意図的に超自然的な力に頼って誰かを呪う呪術師とは異なり、妖術師は自らが意識的に他人に危害を加えることはできません。自分自身が妖術師であることすら気づいていないのです。妖術師は、憎しみや羨《うらや》み、妬み、欲深さにかられて、自分が知らないうちに誰かに妖術をかけてしまっているとアザンデ人に考えられてい

図18：アザンデ社会の毒託宣の方法

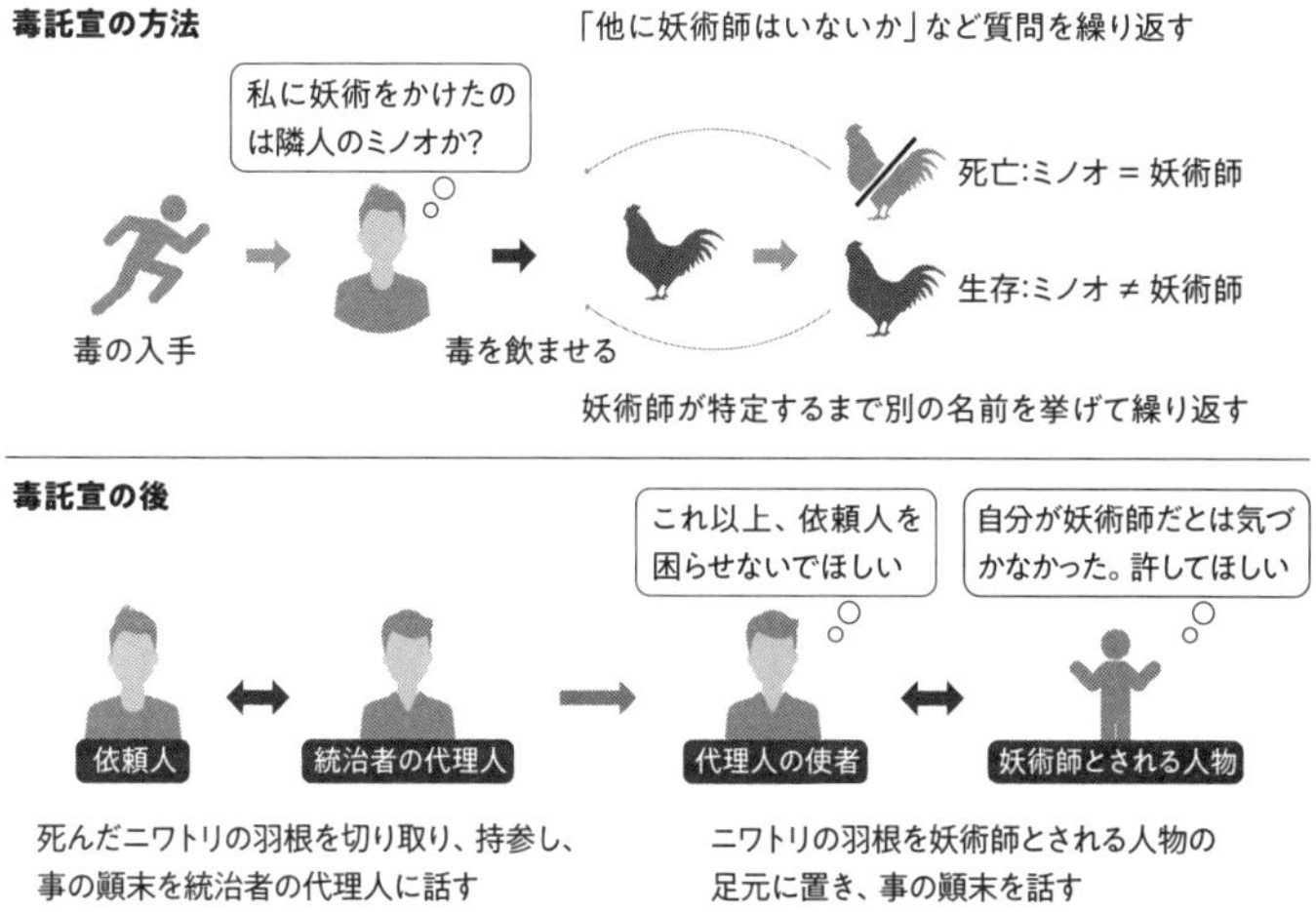

ます。**アザンデ人にいわせれば、こうした感情は誰しももつものだから、誰もが妖術師になりうるのです。**

　では、どのようにして妖術師が特定されるのでしょうか。エヴァンズ＝プリチャードの記述にしたがって説明していきます（図18）。

　病気や怪我など不幸なことや不運なことが起きたとします。たとえば、日中の暑さを逃れて高床式の穀物貯蔵小屋の下で仲間たちと涼んでいたところ、この小屋が倒壊して怪我をしました。このとき、アザンデ人は「これは妖術のせいに違いない」といいます。

　多くの場合、話はそれで終わるのですが、病気や怪我が回復可能な場合、「託宣《たくせん》」を行います。託宣というのは一種の占いで、アザンデ人はいくつかの方法を使い分けます。なかでも「毒託宣」は病気や怪我を引き起こした妖術師を発見するときに頻繁に用いられます。

毒託宣を行うには、まず毒を手に入れるところから始めます。毒は特定の草木からつくられるのですが、毒をもつ者を探し、譲り受けた後、妖術師の目を避けるために、明け方頃にニワトリを持参して藪のなかに行きます。妖術師が誰かを特定したい人は、持参したニワトリに向かって、たとえば「私に妖術をかけたのは隣人のミノオか？」などと問いかけながら、ニワトリに葉で包んだ毒を飲ませます。

このとき、ニワトリが死ななかったらミノオは妖術師ではなく、逆にニワトリが死んだらミノオが妖術師だということになります。もし死ななかったら、別のニワトリを使って、さらに別の名前を挙げていくのです。一方、死んだとしても、「他に妖術師はいないか」など、次々と質問が繰り出されるたびに、ニワトリに毒を与えていきます。

さて、妖術師が確定したら、妖術師に文句を言いにいくのかと思いきや、かなり穏健な方法で問題を解決しようとします。ここでは2つあるとされる対処法のうち、一般的なもののみを紹介します。

毒託宣で死んだニワトリの羽根を切り取り、妖術に悩む人物の親族が地域の統治者の代理人のもとを訪問し、事の顚末を話します。その後、代理人は使者を妖術師とされる人物の家に送ります。使者はニワトリの羽根を妖術師とされる人物の足元に置き、ここでも事の顚末を話したうえで、「これ以上、依頼人を困らせないでほしい」と説得します。

すると妖術師とされる人は、「自分が妖術師だとは気づかなかった。許してほしい」などといって謝罪し、ひょうたんに入れた水をニワトリの羽根に吹きかけます。すると、使者は引き返し、代理人を通して依頼人に結果を報告するのです。

さて、みなさんはどう思ったでしょうか。ニワトリに毒を飲ませるなど恐ろしいことをするわりには、結末は結構平穏ではないかと思ったかもしれません。エヴァンズ＝プリチャードは、妖術の容疑をかける人もかけられる人も近い場所に住んでおり、いざこざが起こると居づらくなるから、できるだけ穏便に済ませるのだといいます。だから、毒託宣を行った本人が直接妖術師とされる人物の家に行くのではなく、代理人や使者を通して間接的に不満を伝えるのです。

ただし、このような託宣を行うのは、健康状態の回復が見込まれるときだけであり、死亡してしまうと、その親族は妖術師に復讐や賠償を求めます。復讐といっても、妖術師を殺害するようなことは、少なくとも当時はなく、呪術師に頼んで呪術の力で危害を加えることになります。

ちなみに、ニワトリの羽根に水を吹きかけるという行為には、妖術を冷やすという意味があるようです。これも模倣呪術のひとつだといえます。

自然の因果関係と神秘的な因果関係

ここまでの説明でアザンデ人は何でも妖術のせいにするように見えたかもしれません。しかし、それは違います。エヴァンズ＝プリチャードが彼らと行動をともにして、何度も話し合ったところ、次のようなことが分かりました。先ほどの「穀物貯蔵小屋」の例を使って説明します。小屋が倒壊して怪我をしたのは、私たちからすると単に不注意であり運が悪かったと思うはずです。しかし、怪我をした本人はどうして自分が真下にいるこの瞬間に小屋が倒壊してしまったのか、と考えます。

小屋を支える支柱が白アリに食われて倒壊するということは時々起こることで、今回も白アリのせいであると、彼らはよく理解しています。そこには何ら神秘的な現象はなく、あくまで「**自然の因果関係**」――原因は支柱の耐荷限度の低下だ――として説明がつきます。

しかし、アザンデ人はこの自然の因果関係に加えて、自分が真下にいるまさにこのときに限って穀物小屋が倒壊した原因を知っています。その原因は、妖術です。ここに「**神秘的な因果関係**」が見いだせます。

このように、私たちであればただの偶然とみなせる現象に対しても、彼らは妖術という概念を使って因果関係を説明します。彼らは「妖術師が自分のことを妬んでいたから、自分に妖術をかけたんだ」といった説明をします。アザンデ人には「妖術師は妬んだり、憎んだりした相手に呪術をかける」という**世界観**があるからこそ、こういった説明に一定の妥当性が生まれます。そこにはフレーザーのいう「共感（sympathy）」という呪術的な発想が持ち込まれています。

ここでいう自然の因果関係とは、マリノフスキーのいう「科学」――経験や観察にもとづき、理性的な推論を通した規則性の発見――を指します。たとえば「支柱が白アリに食われると倒壊する」という事態は、経験と観察にもとづいて理解できます。

一方で、神秘的な因果関係はこうした経験と観察を通した規則性からは逸脱しています。「支柱が細くなっているけれど、これくらいならまだ耐荷性はありそうだ」というのが経験と観察を通した規則になるわけですから、「それでも怪我をした」という事態は規則の逸脱になります。**こういった規則の逸脱状況において持ち出されるのが神秘的な因果関係なのです。**

アザンデ人に限らず、私たちも、怪我や病気など何か不幸な出来事が起きたとき、その原因を理解しようとします。本章の冒頭にある通り、ある日、高熱が出たときに、私たちは「そういえば昨日、人混みのなかで何時間もマスクせずに過ごしたからかな」などと高熱をもたらした病原菌をどこからもらってきたのかを思案します。

しかし、人混みのなかで何時間も過ごす日は、「昨日」以外にも何度かあったかもしれません。「昨日」以外の日は高熱が出なかったのに、どういうわけか「昨日」の人混みが原因で高熱になったのだとしたら、私たちは「**運が悪かった**」と思って、それ以上の原因を考えません。

アザンデ人であれば、いつもの人混みでは何ともなかったのに「昨日」の人混みで高熱になったのはなぜかと考え、それは妖術に違いないと推察するでしょう。そして、「そういえば、最近、隣人のミノオってやつが落花生の収穫を羨む発言をしていたな」と思い出すかもしれません。

さて、このように考えてみると、アザンデ人は私たちとまったく思考法が異なる他者なのかというと、どうやらそうともいえないように思えてきます。

私たちであっても、日常の経験と観察から、物事にはどういった規則性があるかを心得ています。雲行きが怪しくなれば、雨が降るだろうと思うし、時速60キロで走っている車にぶつかれば命はないだろうと思います。これは素朴な「日常科学」といえるかもしれません。

もっとも、それは厳密な実験と詳細な観察を通して導き出される科学とは異なるでしょう。しかし、雲行きが怪しくなることと降雨との関係は、気象の科学的メカニズムを調べればある程度は分かりますし、気象の専門家に聞けば科学的な説明が可能な現象だということは知っています。こう考えれば、日常科学は、厳密な科学と地続きです。日常科学の知識は、厳密な科学に下支えされていることを、何となく知っていることによって成り立っているのです。

このように、**妖術のことばかりに注目すると、アザンデ人は私たちとはかなり異質な世界に生きているかのように見えます。しかし、因果関係に関心を払っていることに注目すると、そうではない**ということが分かりました。一方では、日常科学ともいえる自然の因果関係に支えられた私たちと同じように考える世界があります。しかし、他方では、それでは理解できない領域についての説明を可能にする神秘的な因果関係に支えられた世界もあるのです。

5　どこにでも見いだすことができる呪術と妖術――魔女と狐憑き

さて、エヴァンズ＝プリチャードはアザンデ人の言葉にしたがって、呪術と邪術、妖術を分けたといいましたが、妖術は決してアザンデ人だけが行っているものではありません。考え方や実践していることに多少の違いはありますが、妖術はアフリカ各地にみられる現象です。さらに、アフリカだけでなくアジアやヨーロッパの各地でも報告されています。

先ほど触れた中世ヨーロッパの「魔女」も妖術師です。[*6] エヴァンズ＝プリチャードは妖術師にwitchという英語を当てていますが、これはそもそも魔女のことです。ですので、西洋の魔女狩りを念頭に置いて、アザンデ人の妖術現象を理解したのだといえます。

妖術現象は日本にもあります。みなさんは犬神憑きや狐憑きを知っていますか。[*7] どちらも「憑き物」といわれる現象で、四国・中国・九州地方に広く分布しています。犬神憑きは、犬神をカミとして祭る家筋の人が、他人を呪って犬神の霊を取り憑かせる現象を指します。

犬神に取り憑かれた人は病気になり、ときには死亡するとされました。この家筋の人は犬神持ちといわれ、周囲から恐れられたのです。いったん犬神に憑かれると、それを除去するには祈禱師の呪術が必要でした。人びとは犬神持ちの家筋の人たちとの結婚を避け、農村や漁村の共同体から犬神持ちとされる家筋が排除される傾向がありました。

この犬神持ちも、アザンデ人の妖術師と同じように、超自然的な力をもち、人びとの健康に危害を与える存在とみなされていました。病気の原因が憑き物という他者のもつ神秘的な力にあるとする思考法は、アザンデ人のそれと同じです。

日本の憑き物は犬や狐という動物の霊であるのに対し、アザンデ人の妖術は妖術師の身体のなかにある黒く固い物体だとされています。地域を横断して類似の現象がみられるというのは、人間の思考にある程度の共通性があることを示唆しますが、片や動物、片や黒い物体というように、神秘的な力を象《かたど》る対象が異なるのは、それぞれの地域の世界観が違うからです。

6 神秘的因果関係としての「運」と努力信仰

「妖術」と「運」

呪術や妖術といった現象は、科学が普及していくなかで次第になくなっていくと考える人は多いかもしれません。じっさい憑き物現象はただの迷信だとして、多くの人は時代遅れの信仰だと考えるでしょう。

しかし、科学的な思考法が当然となっているなかでも、呪術的な思考法はさまざまなところに見いだすことができます。**これは日常生活のすべてが「自然の因果関係」では理解できず、どこかに偶然性が入り込み、それを何とか理解したいという人間の潜在的な欲望があるからです。**

たとえば、天気予報では晴れだといっていたのに、突然雨が降ってきて、全身濡れてしまい、挙句の果てに風邪を引いてしまうことがあります。こういうときは、「運が悪かった」「ついていない」と思うでしょう。

なぜこの日に限って予報が外れて雨が降ったのか、そしてこの日に限って風邪を引いてしまったのか。妖術のせいにはしませんが、かといって自然の因果関係だけで説明しきれるものではありません。このように、私たちは自分の意思ではどうにもならない状況に直面したとき、「運」や「ツキ」という概念を使って、自分の状態を理解しようとします。

では、このとき、もしこれらの概念がなかったとしたら、どうなるでしょうか。世の中は全知全能の神が人間と自然のすべてを支配していると考える世界観をもっているのであれば、「神のご加護がなかったのかもしれない」と思うかもしれません。これは自分の不幸な状態の原因を「神のご加護のなさ」に求めています。

「運」は、もともと中国の陰陽五行説に関連する概念です。陰陽五行説では、陰と陽、および火・水・木・金・土の五行のバランスによって運命が決まるとされます。先述の陰陽師もこの陰陽五行説にしたがった占いをすることで知られています。運試しといって正月におみくじを引いたり、占いで運気が上がるとされたものをもったりする人がいるかもしれません。こういった使い方から分かる通り、「運がよい／悪い」という考え方の背景にあるのは陰陽五行説です。

現代に生きる私たちは、運が悪かったときに陰陽五行説を思い浮かべることはほぼないと思います。しかし、「運」という概念も、もとをたどれば陰陽五行説という世界観抜きには考えられない言葉なのです。私たちは普段意識せずに、「神秘的な因果関係」によって自分の不幸の原因を見いだして、その不幸について納得しているのです。

ていいます。

「不運」が「努力不足」に置き換わる現代

さらに、不幸の原因として言及される「運」が、今日、状況によっては別の概念に置き換わっています。

たとえば、受験で不合格になった場合、「運が悪かった」と思う人はいるかもしれませんが、「自分の努力が足りなかった」といって反省する人も多いでしょう。確かに、受験勉強には努力が必要です。入試で出題される範囲をできる限りすべて暗記したり理解したりする必要があります。ですから、入試で不合格となった場合は、「努力が足りなかった」と思ってしまうでしょう。しかし、大多数の人にとって入試で出題される範囲を完全に理解するのは不可能ですし、たまたま出題された問題が自分の知らない範囲だったということは十分ありえます。

「自然の因果関係」は経験や観察の結果から導き出された規則性ですから、受験勉強のやり方をある程度、経験値で理解してできる限りの対策を立てることは「自然の因果関係」の範疇に入るでしょう。たとえば、人間の記憶のしくみは脳科学の成果によってある程度、分かっています。この成果を取り入れることで、英単語を効率的に暗記することができます。しかし、それでも規則通りに物事が進まないのが試験です。どうしても偶然性の要素が入ってしまいます。

とはいえ、それでも試験の結果が悪かったときに「運が悪かった」と納得せず、「〝努力〟が足りなかった」と感じてしまうのはどうしてでしょうか。もっと努力をすれば合格したのでしょうか。

確信をもって「合格する」と言うことなど誰もできないはずです。にもかかわらず「努力不足」という言い方で原因を求める思考法は、そこに「神秘的な因果関係」を見いだしているといえそうです。

「努力をすれば何でも手に入る」「努力せず金持ちにはなれない」といった言説は巷にあふれています。これは努力信仰というひとつの世界観ではないかと思えてきます。

もっとも、筋トレやダイエット、日常的な勉強の成果を測る確認テストであれば努力の程度に比例して目標を達成できるでしょう。**しかし、病気や怪我、入学試験や採用試験などは、本来、本人の努力とは関係のない偶然性の要素が入り込みます。**だからこそ、私たちは運を味方につけるために神社にお祈りに行ったり、お守りをもったり、験担ぎをしたりと合理性のないことまでするわけです。神社・お守り・験担ぎ・運はすべて関連している、ひとつの世界観です。**私たちは、避けることのできない偶然性の領域を、このような世界観で飼いならそうとしているといえるでしょう。**

しかし、この偶然性の領域に、努力信仰ともいうべき別の世界観が侵食しています。「努力をすれば何でもできる」「努力をすれば報われる」という言説は、近年のビジネス系の自己啓発本のなかで繰り返し登場します。[*8] 達成困難な目標を掲げる人たちは、自分を奮い立たせるために、この世界観のなかで生きようとします。

むろん、それ自体は何も悪いことではありません。目標に向かって努力することは、私たちが生きるうえで重要な営みだと思います。しかし、「自然の因果関係」の範疇を超えて、「神秘的な因果関係」の領域にまで、この世界観が入り込んでくると、不幸な結果になったときに自分を苦しめることになります。

3通りの神秘的因果関係を比べてみると……

何か自分に不幸が起きたとき、「妖術のせいだ」「神のご加護がなかった」「努力が足りなかった」と、人びとはさまざまな概念を使って、その原因を求めます。

これら3種類の原因理解の方法を並べてみると、興味深いことが分かります。**呪術は誰か他人に原因を求め、神のご加護は超自然的存在に原因を求め、努力は自分に原因を求めています。**それぞれ他人志向、超自然志向、自分志向といえます。どれも「自然の因果関係」で説明するには限界があるときに、突如持ち出される「神秘的な因果関係」です。

3つそれぞれの世界観にもとづいて自然の因果関係では把握しきれない原因を特定し、自らを納得させているのだといえます。しかし、その納得の仕方の違いには興味深い特徴があります。

他人志向と超自然志向の世界では、人びとは自ら特定した原因に儀礼的に働きかけて納得します。アザンデ人は妖術師にニワトリの羽根に水を吹きかける依頼をすることで、キリスト教徒は神への祈りを捧げることで、心を落ち着かせることでしょう。

しかし、自分志向の場合は、自分に跳ね返ってくるだけですから、不幸の原因を処理するあてがありません。つまり、もっと努力する以外にどうしようもありませんし、努力できなかった自分を責める以外にありません。

病気になったのは自分の健康管理が不十分だったから、不合格になったのは自分の勉強が足りなかったからといった形で努力不足を指摘される世の中は、「努力」という概念が呪いの言葉になっていないでしょうか。

日本には「言霊」という概念があります。人びとの発言には霊的な力が宿っており、言われた人たちの心に働きかける呪力があるとされます。**努力信仰はまさに言霊となって、自己責任を強いる現代の呪術・妖術となっているのかもしれません。**

自分が今この瞬間に怪我をしたり、病気になったりした理由と同様に、試験に不合格になった理由も「自然の因果関係」では説明しきれません。このとき私たちは「妖術のせいだ」と考える世界観のなかで生きているわけではありませんが、「運が悪かった」や「努力が足りなかった」といった形で「神秘的な因果関係」を見いだして納得する世界観のなかを生きています。このような考え方も、妖術現象と地続きの思考法なのです。

＊1　呪術は「呪」という字から、誰かに危害を加えることのみを指すように思うかもしれませんが、必ずしもそうとはいえません。日照りが続くなかで雨が降るようにお祈りを捧げる「雨乞い儀礼」など天候を操る儀礼も呪術の範疇に入ります。
＊2　フレイザー『金枝篇（一）』永橋卓介訳、岩波文庫、1951年、35頁。
＊3　前掲書、109頁。
＊4　マリノフスキー『呪術・科学・宗教・神話』宮武公夫・高橋巌根訳、人文書院、1997年、18頁。
＊5　前掲書、120頁。
＊6　池上俊一『魔女狩りのヨーロッパ史』岩波新書、2024年。
＊7　小松和彦『憑霊信仰論――妖怪研究への試み』講談社学術文庫、1994年。
＊8　たとえばマルコム・グラッドウェル『天才！――成功する人々の法則』（講談社、2009年）の「1万時間の法則」などが有名です。

第8話
民族とエスニシティ

「日本人」とは誰を指すのか？

先日、テレビを見ていたら、「誰が伝統集落を守るのか」というタイトルで中国の雲南省に住むワ族[*1]が紹介されていました。テレビに映し出される〇〇族は、たいてい伝統文化を守っていて、昔ながらの生活をしている人たちです。

こういった番組は、経済発展のなかで私たちが失ったものをいまだに大事にする人びととして、どこか理想的に描かれがちです。じっさい、この番組を見て、「急激な近代化のなかで中国の少数民族も昔ながらの生活を維持するのは大変なんだな」という感想をもつ人も多いはずです。

みなさんが〝民族〟という言葉から連想するのは、このような古くからの伝統文化を守り、経済発展から取り残された人びとだと思います。ときには後進的というレッテルを貼られがちな人びとでもあります。

しかし、一方でこういう言い方は聞いたことがあるでしょうか。

「日本は単一民族国家だから……」

後に述べるようにこれは誤った見解なのですが、大学で文化人類学を教えていると、時々こういう言い方をする学生に出会います。

ここでいう「民族」は、おおまかにいって「私たち」のことを指していますから、おそらく後進的で伝統を守る人びとというニュアンスは入らないでしょう。

さて、そうなると「民族」って、いったいなんでしょうか？

1　日本人の親から生まれると日本人なのか？

ここでまず前提となる話をしておきたいと思います。「日本人」といった場合、その意味は、「国民としての日本人」と「民族としての日本人」の2つがあります。国民としての日本人とは、簡単にいえば日本国籍を有しているということです。外国にルーツをもつ人も帰化することで日本国籍を取得することができますから、必ずしも民族としての日本人でなくてももつことができます。

「日本は単一民族国家だから……」という言い方をもう少し正確に置き換えるならば、国民としての日本人のすべてがひとつの民族としての日本人で構成されているということになります（以下では、ややこしいので「民族としての日本人」について言及するときは〈日本人〉と表記します）。

では、〈日本人〉は、何によって非〈日本人〉と分けられるのでしょうか。

これは国籍の有無によって決まるわけではありません。たとえば、毎年10月になるとその年のノーベル賞受賞者がマスメディアの話題に上りますが、〈日本人〉の受賞者として名が挙がる人のなかにはイギリス国籍や米国籍の人もいます（２０１７年ノーベル文学賞のカズオ・イシグロはイギリス国籍、２０２１年のノーベル物理学者受賞の眞鍋淑郎は米国籍）。

国籍が決め手ではないとするならば、まず考えられるのが「言語」の共通性です。〈日本人〉は日本語を話す人というイメージをもちがちです。しかし、〈日本人〉でなくても学習すれば誰でも日本語を話すことはできます。しかも、日本語が話せるようになったからといって〈日本人〉になったといえるかというと、それも判然としません。

では、同じ宗教や生活様式といった「文化」を共有しているから〈日本人〉なのでしょうか。第6話で触れた通り、日本人の多くは自分が無宗教だと考えているわけですが、そうはいっても仏教徒だ、クリスチャンだと自覚している人もいます。なかにはムスリム（イスラム教徒）もいます。生活様式といっても、かなりあいまいです。別にワ族のように伝統家屋にこだわっている人もあまりいないはずです。ですから、日本人の居住という面だけ見ても、じつに多様です。
すると、何を共有しているから〈日本人〉なのでしょうか。

これについては、おそらく出自の共通性――つまり「血筋」――を挙げる人が多いはずです。日本人の両親から生まれたから、自分は日本人なんだということです。

というのも、〝族〟という語には、同じ祖先から分かれた血統の者という意味があります。家族や氏族、部族[*2]、民族と〝族〟のつく語を並べてみると、よく分かるでしょう。

家族よりも氏族が、氏族よりも部族が、部族よりも民族が、より大きな集団を指しているわけですが、いずれも祖先をたどればみな同じところに行きつくという感覚をもつはずです。逆にいうと、民族が違えばいくら祖先をさかのぼっても同じにはならないということになります。

テレビで見る〇〇族も伝統を継承してきているわけだから、先祖代々〇〇族であり、その血筋をずっと引き継いでいると想像するでしょう。同様に、「日本人」というアイデンティティも、文化的な面ではいろいろ失われてしまったけれども、結局は血筋で決まるんだと考える人は多いはずです。

しかし、他の民族の事例を見ると、必ずしもそうとはいえないのだと分かります。**民族アイデンティティが血筋で決まらない例は、世界中にみられます。**ここでは私のよく知る東南アジアのラオスの事例を挙げてみます。

2　民族の違いをつくるのは生まれか、育ちか？

国家統一のために民族カテゴリーが創り出される

ラオスはタイの東側、ベトナムの西側、カンボジアの北側にある内陸国です。1899年にフランスの保護国になりましたが、1953年に完全独立し、内戦を経た後、1975年に社会主義国となりました。

ラオスの国家建設をおもに担ったのは多数派のラオ人です。しかし、ラオスの国土にはいくつもの少数民族が住んでいます。この少数民族の話す言語の多くは、ラオ人の話すラオ語とは文法から単語までかなり異なります。

しかし、彼らが一致団結しなければ国家統一はできません。言葉や出自の違う人たちをひとつにまとめるにはどうしたらいいのか。当時の政府の役人は考えました。「**そうだ。みんなラオにしてしまえばいいんだ**」と。どういうことでしょうか？

当時の政府は、現在のラオスの領土に住んでいる複数の民族を3つの集団に分けました。自分たちラオ人を含む低地ラオ（ラオ・ルム）、北部の山脈に住んでいる高地ラオ（ラオ・スーン）、そしてその中間に住んでいる山地ラオ（ラオ・トゥン）という3つのカテゴリーをつくったのです。いかにも人工的で勝手な分け方ですが、こうして「我々はみんなラオなんだ。ラオとして一致団結して国家をつくっていこう」と各民族に呼びかけたわけです。[*3]

しかし、じっさいには、このカテゴリーのなかには複数の民族が含まれています。それぞれ独自の言語をもつ、カターン、スウェイ、ンゲなどと呼ばれる民族が50ほどいるとされています。しかも、それぞれ独自の暮らしを守っているのではなく、ひとつの村のなかに複数の民族が一緒に住んでいることもあります。

じつはラオ人ではなかった？

では、こういった多民族共住のなかで、人びとはどのように民族としてのアイデンティティを維持しているのでしょうか。このような問いを掲げて、ラオスの村で実態を調べてみたところ、極めて混乱した状況に直面した文化人類学者の事例を取り上げます。

ラオスの村でフィールドワークをしていた人類学者の中田友子は、ある村に住む三姉妹が「自分はラオ人だ」と言っていたのに、じつは姉妹の両親は、どちらも「ラオ人ではない」ということに気づきました。[*4]

みなさんはこのように聞いて、「え、嘘つかれたのか？」と思ったかもしれません。でも、彼女たちは嘘をついたのではありません。**そもそも民族についての考え方が、私たちと違うのです。**「民族」に相当するラオ語は「ソンパオ」です。このソンパオの意味は、日本語の民族とまったく同じではないのです。

調査していた中田が、この三姉妹に聞くと、彼女たちの父親が幼いときにラオ人夫婦の養子に

図 19：ラオ人を自称する三姉妹の親族図

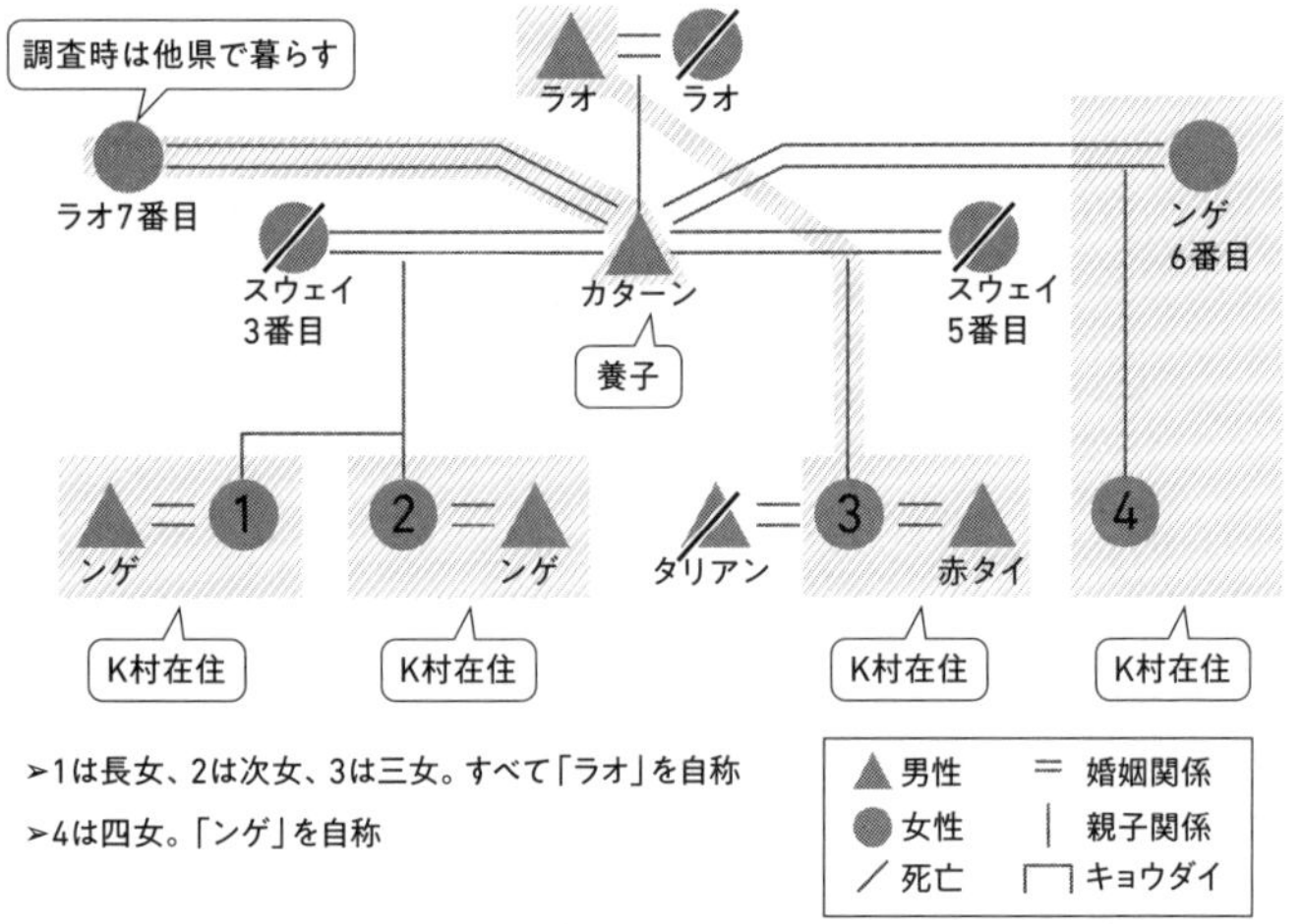

出所：中田（2008：95）*3をもとに著者作成

なったということが分かりました。姉妹はラオ人夫婦に育てられた父親に育てられていたということを根拠に、自分は「ラオ人」だと言ったのです。

図19の親族図から、民族関係がじつに複雑であることが分かります。

この姉妹の父親は、カターンと呼ばれる少数民族の両親のもとに生まれました。しかし、先述の通り幼少期にラオ人夫妻の養子になりました。親族図を見ると、この父親は死別や離婚により何度も結婚を繰り返していることが分かります。三姉妹の長女と次女は、少数民族スウェイの妻とのあいだの子ども、三女はまた別のスウェイの妻とのあいだの子どもです。

じつはこの三姉妹には、さらに別の異母妹がいます。それが少数民族ンゲの女性とのあいだに生まれた四女です。興味深いことに、この四女のみ、自分は「ンゲ人」だというのです。というのも、四女は幼い頃に父親と別れ、ンゲ人の母親と同居していたからです。

この事例からいえるのは、**民族アイデンティティを決めるのは、生まれではなく、育ち**だということです。この三姉妹は出自としては少数民族になるのですが、ラオ人の生活様式を身につけた父とラオ人の祖父母のもとで育ったために、自分たちのことを「ラオ人」だというのです。一方、ラオ人の習慣を身につけた父に育てられていない四女だけは、母親の民族アイデンティティを継承しています。

要はラオ人の生活様式を身につければ、ラオ人になるということです。ここでいう生活様式とは、ラオ語を話し、仏教徒であり、モチ米を中心とした食生活を継承しているということを指します。ラオ人に「ラオ人とは何か」と聞くと、よくこの3つの要素を挙げます。別の言い方をすれば、この3つの要素を満たせば、ラオ人の血筋を引いていなくても、ラオ人になれるということです。

これは日本語でいう民族から想起されるイメージとは異なります。

両親が〈日本人〉でない人が日本語を話せて、日本で一般的にみられる宗教意識をもっていて、日本の食文化を取り入れたとしても、〈日本人〉だといえるのかという疑問をもってしまう人はいるでしょう（のちに述べるように、私自身はこのような人たちが〈日本人〉を自称してもまったくかまわないと思っています）。

〈日本人〉であることを決めているのは、先述の通り〈日本人〉の親のもとに生まれたという事実です。日本では同じ民族であるとみなされる基準は「血筋の共有」にあります。しかし、ラオスでは、血筋ではなく、言語や宗教、食といった生活様式の共有こそが、同じ民族（ソンパオ）であることを決めるのです。

3 文化が違うから民族の境界が生まれるのではない——民族境界論

ここまでの話で、同じ民族であるかどうかを決めるのは、血筋とは限らず、生活様式など「何らかの共通性の保持」だということが分かったと思います。しかし、こういった共通性は、とてもあいまいなものです。

日本の場合、〈日本人〉の血筋といっても、結婚によって非〈日本人〉の「血」が混ざることがあります。海外に住む日系人はもとより、日本国内においても国際結婚の割合は少ないものの増加し続けています。[*5] 彼らは「混血」などと呼ばれて、〈日本人〉と非〈日本人〉の境界領域に置かれ、自身のアイデンティティについて悩みを抱えがちです。

ちなみに、ラオスでは、先ほどの事例にもある通り、異なる民族間の結婚は日本よりも頻繁に起こります。ですから、「混血」に相当する言葉はなく、出自による差別が顕在化するような場面はあまりありません。

ラオスの場合でも、民族としての同一性の根拠となる生活習慣は、つねに変化にさらされています。どの国でも一般的には国家統合の必要性から、その国の主流民族の文化に同化していく傾向があります。ラオスも例外ではありません。少数民族の生活様式はラオ人のものに似通ってきます。今日では少数民族の多くがラオ語を話し、仏教徒になり、食生活もラオ人化しています。ですから、先述のラオ人であることの3つの要素は、ラオ人でなくても身につけています。

このように考えると、「〇〇人」「〇〇族」であることを明確に区別する基準を見いだすのは、きわめて難しいということが分かります。にもかかわらず、当事者たちの主観的な印象によって、「〈日本人〉であること」や「ラオ人であること」が決まっているのです。

隣接する民族同士の違いがあいまいなこともある

このような「民族の境界線」がどう決まっているのかという問いは、文化人類学では、1960年代になって生まれました。

それ以前の研究では、そもそも民族の違いをめぐる境界線は問われることがなく、自明なものでした。特定の父系出自集団の規則――死霊婚やレヴィレート婚など――や精霊ピーの信仰、マングという妖術信仰など、それぞれの文化的な現象は、ヌアーやアザンデ、タイといった民族名と結びつけて説明されてきました。

しかし、あるとき、一部の人類学者は気づいたのです。「私たち、同じ文化を共有する集団として民族をとらえてきたけど、おかしくないか？」と。

どうして、そう気づいたのか。「今私たちが調べている〇〇族と、隣の△△族って、ほとんど同じじゃないか」――このように、「民族」という言葉から連想するイメージとはかけ離れた現象が多数見つかったのです。

つまり、**必ずしもA民族がA文化を共有し、B民族がB文化を共有するといった形で分けることはできない**のです。たとえば、精霊ピーは、タイ人だけでなく隣国のラオ人も信仰しています。逆に、タイ人のなかにも「私はピーなど信じない」という人もいるでしょう。では、そういう人はタイ人ではなくなるのかというとそうではありません。やはり、タイ人のままです。

また、A民族として生まれたからには、死ぬまでずっとA民族というアイデンティティをもち続けるのかというと、先述のラオスの多民族共住村の例のように、そうならない事例もたくさん見つかりました。

独自の文化があるから民族があるのではなく、境界があるから民族がある

この問題を極めてクリアに整理したのが、フレデリック・バルトという人類学者です。

パキスタンのパシュトゥン人のもとでフィールドワークをしていたバルトは、あるとき、パシュトゥン人であることの基準がどう決まっているのかに関心をもつようになりました。彼のフィールドはパシュトゥン人以外にも複数の民族が隣接して住んでいるのですが、あるとき、彼はパ

シュトゥン人が隣の民族のなかに組み込まれ、パシュトゥン人ではなくなってしまうという事例を発見しました。

この研究の成果として1969年に発表された民族境界論（エスニック・バウンダリー論）は、今日でも文化人類学の民族論の基本になっています。[*6] ただ、もう50年以上も前に発表されたこの理論は、専門家を除いて、あまり一般的には知られていません。ですから、専門家以外の人びとの「民族」についての理解が極めて古いままなのです。

さて、バルトがいっていることを、私なりにざっくりまとめると、こうなります。

文化が異なるから民族のあいだの境界線が引かれるのではなく、境界線を引こうとするから文化の違いが強調される。

生活様式などの「独自の文化の共有」を根拠として民族の境界線が引かれているという考え方には無理があります。そもそも文化は変わっていくからです。とりわけラオスのような多民族が共住するような状況では、何らかの独自の文化を排他的に共有するのは難しいでしょう。異民族同士の結婚が頻繁に起こることで、民族ごとの独自性は失われていくはずです。また、ラオスでは主流民族のラオ人がラオ化を進めていくなかで、少数民族の言語や習慣は次第に失われていきます。

興味深いのは、このように文化が変化したとしても、民族の境界線だけは維持されているという事態です。A民族の文化がいくら隣のB民族と似たような文化になろうとも、A民族であるというアイデンティティはなくならないのです。ですから「文化の共有」と「民族の境界」は必然的につながっているわけではないのです。ここはいったん分けてみて、その関係がどのように結ばれているのかを考えてみるほうがよさそうです。

そこで、日本を事例に境界線の成立についての歴史を簡単に振り返ってみましょう。

日本でも民族の境界線は政治的につくられた

そもそも為政者ではない一般の人びとが「自分は日本人だ」と意識する状況は、いつ頃生まれたのでしょうか。歴史学ではさまざまな論争がありますが、少なくともそれは太古の昔からではありません。日本は島国ですから、大陸の人びとに比べると異なる言語や習慣をもつ人と接する機会は稀でした。

江戸時代の幕藩体制のもとでも、確かに同じ言語を話す人たちとして人びとは相互に交流していましたし、自分がどの藩のどの村に帰属しているかということは日常的に意識するものではあったはずです。しかし、為政者ではない一般の住民が自分は日本人だという意識をもつ機会はほぼありませんでした。

もっとも、「日本」という国号は、中国の唐の時代の歴史書『唐書』にはじめて登場します。[*7]

701年に制定された大宝律令においてはじめて、「日本」という国号が用いられ、その後、遣唐使が中国に渡った際、自らを「日本国からの使者」と名乗ったとされます。しかし、この国号はあくまで中国との対外的な場面でのみ言及されるものでした。

明治時代になり、欧米列強からの圧力が増すことで、日本の独立を保つために日本は急いで国家建設をしました。この過程で、明治30年頃に「大和種族」「大和民族」という言葉が、地理の教科書に登場しました。[*8]

日清戦争（1894年－1895年）に勝利した後の明治30年代の教科書では、大和種族が他の種族に比べていかに優れているかが記されています。

「此種族は性質勇敢なれども容皃は溫和に，思想は優美にして又技術工藝に長ずるのみならず，忠君愛國の精神に富む[*9]」

昔の教科書なので分かりにくい表現ですが、要は、大和種族は勇敢で、容姿は温和、思想や技術が優れていて、愛国心があると書かれています。一方で、台湾人やアイヌ人を卑下する記述が右の引用文の後にみられます。

「種族」は、白人や黒人といった人種[*10]の下位分類として、言語や風習、気質（性格）、容貌といった文化的な側面を基準に分類する概念として使われました。これがのちに「民族」という概念に置き換わっていきます。

しかし、このような文化的側面の優越性を示す科学的根拠はありません。民族間の違いは、その後もさまざまな学術的研究を通して検証されるのですが、人びとの気質や容貌という点で、客観的に区別できる要素は見つかっていないといえます。人びとの気質や容貌は状況によって変化しますし、ある程度の多様性がみられるからです。

このように、まず日本が周辺地域を植民地支配していく理屈として、大和民族の優越性が説かれていったわけです。

仮に心理テストを通してある程度の民族ごとの気質の特徴を明らかにすることができたとしても、それはあくまで統計的にいえるものです。したがって、その民族のすべての個人が、明らかにされた特徴をあまねくもっていることにはなりません。

みなさんは色が光の屈折によってできる波長であることは知っているでしょう。波長はグラデーションであって、どこかに段差があるわけではありません。私たちは赤や青、黄といって色を区分していますが、それは波長のどこかで区切っているわけです。この区切りは科学的・客観的に決まっているものではなく、慣習的・感覚的に作り出されたものです。

民族の境界線もこれと同じで、言語や風習、気質、容貌といった、民族の違いとしてよく言及されているものは、科学的・客観的に区切りを見つけられるものではありません。

日本の事例では、他の民族と比較して〈日本人〉の優越性を主張するという政治的な状況が先にあり、〈日本人〉とそれ以外の民族のあいだに境界線が引かれていきます。しかし、優越しているとする根拠はとてもあいまいで、何らかの科学的証拠があったわけではありません。あくまでも当時の植民地支配を正当化するための言説として、このような民族区分が現実性をもって教科書などの公の文書に登場したのです。

そして、それが今日まで形を変えながら繰り返し登場しています。じっさい「日本人とは何か」を主題にした書籍は、明治時代から今日まで何度も刊行されています。**しかし、そこで論じられている特徴を根拠にして、誰が〈日本人〉であるかを確定することはできません。**これまで述べてきた通り、血筋であろうと生活様式であろうと、あいまいさを回避することができないからです。

4　エスニシティという考え方

新しい民族の形成？

民族の境界線はおもに政治的理由によって生まれたり、強化されたりするという話をしました。この話からいえるのは、**民族の境界線は、けっして固定されたものではなく、流動的で可変的だ**ということです。

このような民族の境界線の引かれ方に注目すると、古典的な「民族」のイメージをもったままでは把握できないような現象が見えてきます。ここではタイ東北部の事例を挙げながら、以前には存在しなかった民族らしきものが、新しくつくられていくという現象を見てみます。

さきほどタイの隣国のラオスの民族の話をしました。そのとき主流民族はラオ人だといいました。ただし、彼らの人口はラオスという国のなかの50％程度だと考えられています。ラオスの人口は700万人強（2024年現在）なので、約350万人になります。

しかし、じつはこれ以上の数のラオ人がタイ側に住んでいるのです。その数、およそ1500万人と考えられています。もっとも、これまで見てきた通り、誰をラオ人とするかという基準が不明瞭なので実態は不明です。とはいえ、自分のルーツはラオ人だと考える人は、相当数います。

こうなった背景は、タイとラオスの歴史を振り返れば分かります。ラオ人による最初の統一国家は、メコン川の東側に1353年にできたランサーン王国です。ランサーン王国は16世紀に3つの王国に分割され、その後、タイ（当時はシャムと呼ばれていました）のトンブリー王朝の攻撃を受けて、タイの属国になりました。

このとき数多くのラオ人がメコン川を渡ってタイ側に移住し、現在のタイの領土のなかにラオ人が住むようになりました。その後、1893年にインドシナ半島の植民地化をもくろむフランスとタイのあいだで戦争が起き、メコン川を境に国境線が引かれたのです。

メコン川左岸——上流から見て——のもともとのラオ人の居住地はフランスの保護国となり、右岸はタイ領となったのです。その国境線がフランス撤退後も続き、現在に至ります。

図 20：イサーン人の生成

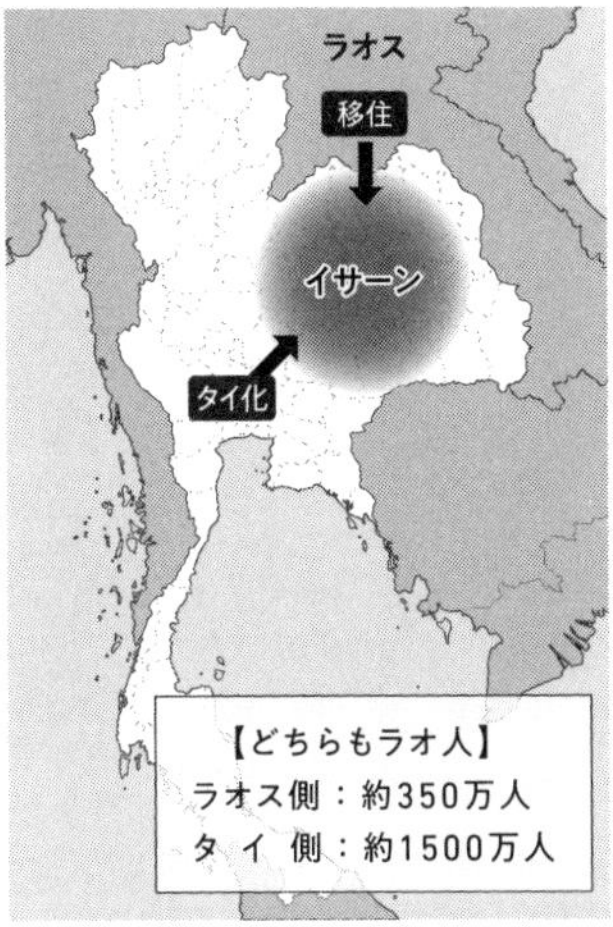

ラオ人からイサーン人へ

- 言語
- 音楽（モーラム）
- 食

タイの影響を強く受ける。

➢ マスメディアの発達
➢ バンコクへの出稼ぎ

タイの近代化→ラオ人は田舎者

タイ側は自らを「ラオ」ではなく、もともと地名だった「イサーン」と名乗るように。

タイは中央部・北部・南部・東部・東北部という5つの地域に分けられます。中央部は首都バンコク、北部は数多くの山岳民族が住む地帯、東部はリゾート地として有名なパタヤ、南部もリゾート地として名高いプーケットがあり、それぞれ特徴があります。その一方で、観光地としてはあまり知られていない東北部（イサーン）に多くのラオ人が住んでいます。

タイのイサーンで話されるおもな言葉は、ラオ語です。イサーンでは、ゆったりとした曲調で抑揚をつけて歌われるモーラムというラオ人の音楽が人気だったり、ソムタムという激辛のパパイヤサラダやモチ米を食べる機会が多かったりして、よく見てみると首都周辺のタイの文化とは少し違うのです。

かつてイサーンはタイのなかではとても貧しい地域だとされ、北部の山岳地帯とともに開発の対象となってきました。今日ではずいぶん変わりましたが、それでもタイの人たちは、「イサーン＝貧しい地域」だと思っています。

文化人類学者の林行夫は、１９８1年にイサーンでフィールドワークをしていた際、住民から「ラオ語を使え、ここはラオ人の村だ。『シャム語』(kham sayam) はいらん」と叱られたといいます。ところが、その10年後の１９９1年、同じイサーンでラオ語を使うと今度は、住民から「ラオ語だって⁉　聞いたかい。ここの言葉はイサーン語よ。ラオ人なんていないよ」と笑われたのだそうです。[*11]

もともとイサーンというのはただの地名でした。じっさいイサーンにはラオ人以外にもカンボジアのほうからやってきたクメール人など、ラオ人とは異なるルーツをもつ人も少数ですが住んでいます。そう考えると、イサーンを民族集団と考えるのには、少々戸惑いを覚えます。

しかし、「自分はイサーン語を使うイサーン人だ」と感じる人には、メコン川左岸のラオスという別の国にいる人たちと一緒にしてほしくないという思いが働いているのでしょう。

「イサーン」はただの地域名称を超えて、「民族らしきもの」として語られるようになったのです。もっとも、彼らは自分をラオ人と言ったり、タイ人と言ったり、イサーン人と言ったりして状況に応じて使い分けています。ですので、排他的に自分はラオでもタイでもないと認識しているわけではありません。しかし、１９８0年代くらいまでは存在していなかった民族らしきものが、今日生まれつつあるのだといえます。

ラオと自分たちが違うことを示すために利用されたのだといえます。「イサーン人」は、先述のラオスの少数民族の例と異なり、タイ政府が正式に認めた民族ではありません。たまたま地名だった呼称が、そのなかに生きている人びとにとって、ルーツであった

ではなく、冒頭のようにタイ語で記すと以下の通りです。

民族とエスニシティ

さて、今のイサーンの話のなかで、私は「民族らしきもの」という表現を使いました。というのも、イサーン人の事例は、私たちがイメージする「民族」とは異なるからです。本章の冒頭で述べた通り、民族を文化や言語、出自を共有する固定的な集団として考えるならば、イサーンのように現代になって生まれる人間集団を「民族」と呼ぶのにはどこか違和感が残ります。

こういうときに「エスニック集団」という用語が便利です。先述のバルトはもともと英語で論文を書いているのですが、「民族」とここで訳してきた言葉は、原語では「エスニック集団(ethnic group)」と記されています。「民族≒エスニック集団」なので、エスニック集団は民族と訳されることが多いのですが、日本語の「民族」という語から私たちが受け取るイメージと異なる部分もあります。

バルトのいうエスニック集団という用語には、日本語の「民族」がもつ、伝統を維持し出自を同じくする排他的集団というニュアンスはありません。もっと柔軟に境界線が引き直されたり、生まれたりするような動的なものです。

こういうときに一般に流通している古い概念（＝民族）ではなく、新しい現実をとらえるために、新しい概念（＝エスニック集団）を普及させるほうが、適切に現実をとらえられるわけです。

これまで本章では「民族」という語を使ってきましたが、バルトの議論をさまざまな事例にあてはめてみると、どんどん私たちの民族のイメージから遠ざかっていき、民族でないように思えるものに行きついてしまいます。

民族という概念を使い続けて、新しい現象について、それが民族なのかそうでないかを議論するのではなく、現実の動きに合わせて、新しい現象に適切な別の言葉を当てていくというのも、人類学の考え方のひとつだといえます。

さて、そうなると、新たな視界が開けてきます。みなさんは、日系ブラジル人やアフリカ系アメリカ人という言葉を聞いたことがあるでしょうか。

日系ブラジル人は明治以降、日本政府の後ろ盾のもとでブラジルに渡った〈日本人〉とその子孫を指します。アフリカ系アメリカ人はかつて奴隷貿易によってアメリカ大陸に連れてこられた人びとをルーツにもつ米国国籍の保有者です。

彼らはそれぞれの国家のなかで主要な集団とは異なるルーツをもちます。移民一世を別にして現地に生まれた人たちは、現地の言葉を小さい頃から話すことになるため、移住先の公用語が母語になる場合が多いでしょう。

彼らは、少数民族のようにひとつの国のなかの主流派とは異なる属性をどこかもっているように見えます。しかし、彼らをひとつの「民族」とみなすのには、どこか違和感があります。こういう場合、エスニック集団、あるいはエスニシティとしてとらえるのが適当です。

「エスニシティ」とは、共通の文化をある程度共有している集団そのものを指す場合と、その集団がもつ文化的な特性を指す場合の両方があります。いずれにせよ、文化人類学の世界では、日系ブラジル人やアフリカ系アメリカ人を民族ではなく、エスニシティとして理解しています。

エスニシティという言葉自体は1960年代くらいから学術的には使われていました。それは、日系ブラジル人やアフリカ系アメリカ人のようなラベリングが社会的に認知されるようになったからです。

エスニシティは、私たちがもつ民族というイメージとは異なり、バルトのいうように**状況によってその境界が可変的な集団とその集団の特性**を指します。先ほどのイサーン人なども、民族というよりエスニシティとして見るほうがよさそうです。

ただし、ここで急いで付け加えておきたいことがあります。私は、この話を通して、境界が流動的で現在生まれつつある集団が「エスニシティ」で、より強固に変化のない集団が「民族」だと言いたいのではありません。

重要なのは、「民族」という言葉がもつ固定的なニュアンスを人類学の立場から変えていくことにあります。

〈日本人〉というカテゴリーもまた、明治以降に他の集団と差別化するために為政者によって強調されてきたのだといいました。その結果、〈日本人〉であるという意識が一般に浸透していったわけです。集団の境界が歴史的・政治的に生まれたという意味ではイサーン人と同じです。

しかし、〈日本人〉とイサーン人の話のどこが違うのかというと、〈日本人〉のほうがイサーン人よりも確固とした実在として人びとに浸透しているというところです。そう感じられる理由は、〈日本人〉が国家をもっているからです。国家という盤石な制度のうえで国史がつくられ、それが教育を通して教えられ、標準語がつくられ、言葉が統一されていったという歴史があるからです。ここが、タイという国家のなかに組み込まれているイサーン人とは異なる部分です。

とはいえ、〈日本人〉であろうと、イサーン人であろうと、当事者たちによってつくられたカテゴリーであることに変わりはありません。この「つくられている」という側面に注目するなら、〈日本人〉もエスニシティのひとつになります。

エスニシティが問題となる現代

現代の世界では、こうしたエスニシティがさまざまな場面で強調されます。たとえば、私がラオスでじっさいに経験したことを紹介しましょう。以前、私はラオスで台湾出身の方と知り合ったのですが、最初に会ったときに中国語を話していたので、「中国の方ですか」と尋ねました。するとその彼は「No, Taiwanese」とかなりはっきりとした口調で言ったのです。そのとき、私は何か失礼なことを言ってしまったかな、と動揺しました。台湾ももとをたどれば中国大陸からやってきた人たちの集まりですし、中国語を話します。ですから、ざっくりいうと中国人と認識してしまいがちです。

しかし、台湾の人たちは、大陸の中国人とは違うんだという強い意識をもっています。ルーツをたどると漢民族ではあるかもしれませんが、政治的状況をふまえると彼ら自身は自分たちを「台湾人」だと主張します。[*12]

こういった事例もエスニシティという概念で切り取ることができます。古典的な意味での「民族」ではないけれど、自分は何人だと考えるのかは、イサーン人のように客観的に見いだせる文化の違いではなく、自分はどう名乗りたいのかという主観的な部分によって決まります。**これを周囲の人たちが「あなたは〇〇人ではない」と否定するのはおかしいのです。**

イサーン人や台湾人のように、自らのルーツとは切り離した集合的アイデンティティの生成を可視化するには、エスニシティという概念が有効です。この概念がなければ、彼らを研究の対象とすることすらできなかったでしょう。

このように、エスニシティ概念は、古くから日本で使われてきた民族概念ではとらえられない対象をとらえることができます。今日の文化人類学では、このようなエスニシティの生成や維持、消滅といった現象がどういった政治的状況のなかで起こるのかを探る研究が行われています。

5　日本の民族とエスニシティ

支配される側に必要とされるエスニック・アイデンティティ

本章ではこれまで〈日本人〉とラオ人、イサーン人の事例から、同じ民族であるかどうかを決める根拠が生まれなのか育ちなのかといった違いや、こうした根拠はあいまいであるにもかかわらず民族・エスニシティの境界線が生まれる過程について述べてきました。

〈日本人〉とは誰かという冒頭の問いに戻るなら、それは時代ごとの政治的状況によって変化するという答えになるでしょう。

一般的には血筋の共有が日本人であることの証拠だと思われています。しかし、非〈日本人〉との結婚によってその境界線はあいまいにならざるをえません。ですから、日本語を話さない〈日本人〉が生まれてもふしぎではありませんし、両親が非〈日本人〉であったとしても、日本で育ったことで〈日本人〉だと自認する人がいてもふしぎではありません。

たとえば、日系ブラジル人の二世や三世は日本に一度も来たことがなくても「日系(Japanese)」としてブラジル社会のなかに定着しています。同様に、中国やタイ、ベトナムに移住して現地の方と結婚して生まれた子どもたちも日系○○人として現地化していきます。彼らも、自らがそう言われることを望むのであれば、〈日本人〉です。

一方で、今日では両親が中国人やベトナム人、ネパール人など他国にルーツをもつ人であっても、日本で生まれ育つ子どもたちが増えてきています。彼らも自分は〈日本人〉だと感じるかもしれません。少数民族のラオ人化のように、ルーツは関係なく別のエスニック集団の一員になったとしても何ら不都合はありません。

このように〈日本人〉の血筋を共有しつつも生活習慣は異なったり、逆に血筋は異なるけれども生活習慣は日本で身につけたりするなど、〈日本人〉はますます多様になっていきます。

肝心なのは、その境界があいまいになったとしても、〈日本人〉というカテゴリーがなくなることはないということです。その中身を明確に特定できなくても、自分が〈日本人〉だと感じる人がいる以上、そのカテゴリーは存続します。

この点が重要な意味をもつのは、日本の主流派の〈日本人〉よりも、むしろ少数派の民族／エスニック集団です。

日本には、〈日本人〉とはルーツを異にする人たちの集団がいくつかいます。在日コリアン、沖縄の人びと、そしてアイヌ民族などです。

オールドカマーの在日コリアンは、１９１０年の日韓併合以来、日本の本土に移住した人たちとその子孫を指します。第二次世界大戦後の１９４７年に施行された外国人登録令により、彼らはもともと日本国籍をもっていたにもかかわらず、外国人として登録されました。現在は三世や四世も生まれてきていますが、彼らは日本で生まれ育ったにもかかわらず、帰化していなければ韓国籍のままです。

日本で生まれ育った在日コリアンのアイデンティティはとても複雑です。日本社会における「在日」という言葉がもつ複雑なニュアンスをふまえると、自らのルーツを隠さざるをえない、あるいは隠したくなる人びともいます。

一方で、日本がかつて韓国を植民地化した歴史や、現在においても在日コリアンを「外国人」としてカテゴライズしてきた構造的な不平等を可視化する政治的な活動に取り組む人びともいます。こうした活動を通して在日コリアンのエスニシティが強化されていく側面もあります。

アイヌ民族や琉球・沖縄の人たちもまた、在日コリアンと同様に〈日本人〉による国家統合の犠牲者として、自らのアイデンティティを消去させられてきたことを可視化していくために、自らのエスニシティを主張していく立場もあります。

このように生活様式や日常的に使用している言語などの側面における差異がほとんどないような状況においても、エスニック集団の境界線は維持されたり、強化されたりするのです。

日本のなかのアイヌと沖縄

先住民とされるアイヌは、江戸時代まで、現在の北海道から本州の東北地方あたりに住んでいました。しかし、次第に本州から追われ、北海道にまで追いやられました。

非アイヌの本州の住民を「和人」と呼んで区別していたアイヌは、独自の言語と文化をもつ人びとです。しかし、アイヌは日本社会への同化を強いられました。

ラオ人がラオスという統一された国家をつくるために少数民族を政府の管理下に置きつつ、学校においてラオ語を学ばせ、ラオ人に同化させていったのと同じ構図です。

今ではアイヌ語を話せるアイヌは少なくなっていると聞きます。ですから、アイヌも独自の文化を共有した集団ではなくなってきているわけです。しかし、こういったアイヌ文化の消滅の危機だからこそ、アイヌというアイデンティティを大事にする動きが当事者たちのなかに息づいています。

バルトがいうように、民族の境界は文化の共有ではなく、こうした和人（〈日本人〉）との関係のなかで強化されてきているのだといえます。

同じことは、沖縄でもいえます。沖縄の人たちは自分たちのことを「ウチナー」、本土の〈日本人〉を「ヤマトンチュ」といって区別します。ウチナーの話す言葉は沖縄語（琉球諸語のひとつ）といって、ヤマトンチュの話す言葉とは異なります。[*13]

沖縄は本土とは異なる文化を形成してきたことから、ヤマトンチュ（本土の〈日本人〉）とは異なる民族だと考える研究者も多いのです。もっとも、アイヌ同様、明治以降の国家統一の政策により、本土の文化に同化させられてきました。

なかでも特に有名なのが1960年代くらいまで学校教育において使われた「方言札」です。沖縄の学校では、標準語を強制するために、生徒が沖縄語を話すと、先生が注意を促す意味で「方言札」と書かれた木札を生徒の首にかけました。これは屈辱的な経験だったと思われます。

もちろん、沖縄生まれや沖縄にルーツをもつ人たちのなかには、自分は沖縄人であるという強いアイデンティティをもっていない人もいるでしょう。沖縄の人たちの沖縄人としてのアイデンティティのもち方は千差万別です。

とはいえ、本土の〈日本人〉による沖縄支配の歴史をふまえると、沖縄の文化的独自性が失われつつあるなかで、本土支配に抵抗するために沖縄人としてのエスニシティが強調されることが、政治的な場面ではたびたびみられます。

本書の読者にも、アイヌや沖縄、コリアンにルーツをもつ人が一定数いると思われます。結婚や就職などで日本各地に移動するのがあたりまえとなっている今日、〈日本人〉といっても、そこにはさまざまなルーツの人たちが含まれるということに留意する必要があります。

彼らは〈日本人〉でもあり、また同時にアイヌ／沖縄人／コリアンでもあるという複数のエスニック・アイデンティティをもちうるのです。

6 文化人類学のものの見方
——見たいものしか見ていないことにいかに気づけるか？

かつて人類学者は、民族は特定の言語や文化を共有する集団であって、共有されているものは他の民族とは異なるという想定のもとで研究をしていました。しかし、本章で見てきた通り、あ

図 21：私たちは見たいものしか見ていない？

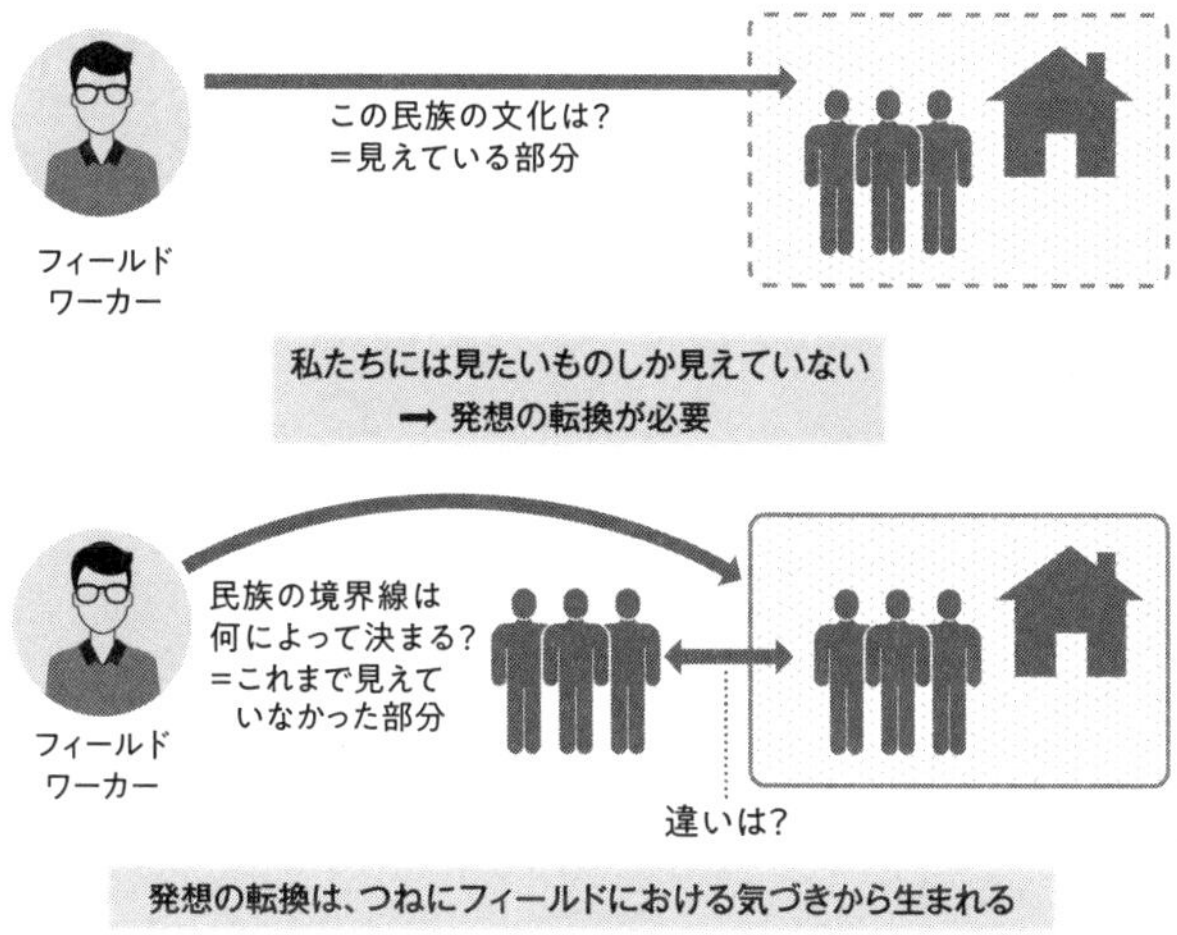

るときその想定がおかしいことに気づいたわけです。

　このように文化人類学という学問は、自分たちが無自覚に行ってきたことについて一歩立ち止まって考えてみることで、あたりまえを切り崩してきました。この切り崩しは、フィールドワークを通じて得た気づきをきっかけとして成し遂げられました。

　ただし、こうした達成は意図してできるものではありません。この気づきを振り返っていえるのは、**人類学者を含めて私たちは、普段自分が見たいものしか見ていないのではないかということです**。確かに、言われてみれば民族の境界は、言語や文化の境界と一致しないということはあたりまえです。混ざり合う言語や文化のあいだに明確な境界線を引くことなどできないのは経験上分かっています。

しかし、人類学者でさえかつてはこうしたあたりまえの事実を顧みず、民族を固定的な実体としてとらえてきたのです。私たちは偏見なしにものを見るのが重要だとは分かっていても、なかなかそれを実践することができません。

むしろ、こうした偏見から完全に自由になることはあきらめるほうがよさそうです。とはいえ、私たちは日常的には見たいものしか見えていないのだということを自覚しておくことが重要です。**見たいものしか見えていないのだからこそ、それを反省的にとらえる思考をつねに働かせること**を忘れないようにすべきでしょう。これは私がフィールドワークをしているときやフィールドワークから帰ってきて情報を整理しているときに、つねに自分に言い聞かせていることです。

また、見たいものしか見えていない原因のひとつに、「見えていないもの」を指す言葉がないという点も重要です。たとえば、民族という言葉がもつ意味に引きずられて、対象を見ていると、その意味から漏れ出る現場の複雑さがなかなか見えてきません。民族を文化や言語を共有する集団という意味でとらえているからこそ、その境界のあいまいさに気づかないわけです。

しかし、ひとたびその境界線のあいまいさに気づくと、民族の境界線がつくられたり、強化されたりするという現象に目が向くようになります。とはいえ、こうして形成された集団を、既存の「民族」という言葉で把握することにも違和感が生まれます。

こういったモヤっとしたとき、名付けられていない現象に「エスニシティ」という新しい用語を与えることで、その現象の輪郭がはっきりします。私たちは人びとの日々の営みをどこまで適切な言葉で表現できているのでしょうか。

第2話でも、フィールドで見えてきたものに合わせて言葉をつくることの重要性を指摘してきました。生物学的父（ジェニター）と法的父（ペイター）の話です。本章でもまた概念創出の意義が明らかになりました。「エスニシティ」もフィールドで見えてきたものを的確にとらえるために生み出された概念です。ただし、この概念が生物学的父と法的父の例と異なるのは、変化する現実に合わせて創出された概念だということです。

人間の日々の営みがあいまいで変わりやすいものであることを前提にすると、言葉はその日々の営みほど可変的ではないのだといえます。新たな概念は、たいてい現実の変化に遅れて生み出されます。

とはいえ、社会の変化に応じて、誰かが新たな言葉を生み出し、それが市民権を得て広まっていき、いずれ日常化します。たとえば、「イクメン」や「ソーシャルディスタンス」などは、近年の社会状況の変化によって生まれた言葉です。他にもエスニシティのような、もう少し学術寄りの言葉では、「ジェンダー」や「セクシャリティ」といったものがあります。

これらは人類学者が生み出した言葉ではありませんが、フィールドワークを通して現実の社会の変化にさらされやすい人類学者には、そうした変化を適切に言語化することが求められます。社会状況の変化によって既存の言葉では適切に状況を把握できなくなったことに気づいて新たな言葉を与えていくのも、文化人類学の仕事のひとつだといえます。

＊1　中国南部やミャンマー、タイ、ラオスの山間部に住む人びと。

＊2　「部族」は差別的ニュアンスがあるため、現在では使われなくなってきています。

＊3　中田友子「民族間関係と民族アイデンティティ」横山智・落合雪野編『ラオス農山村地域研究』めこん、２００８年、84頁。

＊4　前掲書、95－99頁。

＊5　厚生労働省の資料によれば、１９７０年の国際結婚（夫妻の一方が外国人）の割合は０・５％でしたが、増加の一途をたどり、２０２１年には５％を超えました。https://www.mhlw.go.jp/toukei/saikin/hw/jinkou/suii09/marr2.html（２０２４年９月25日閲覧）

＊6　バルト、フレデリック「エスニック集団の境界」内藤暁子・行木敬訳、青柳まち子編・監訳『「エスニック」とは何か――エスニシティ基本論文選』新泉社、１９９６年、23－71頁。

＊7　神野志隆光『「日本」国号の由来と歴史』講談社学術文庫、２０１６年。ちなみに、『唐書』には『旧唐書』『新唐書』の２種類がありますが、どちらも「日本」という国号がみられるようです。

＊8　竹沢泰子「明治期の地理教科書にみる人種・種・民族」『人文学報』１１４号、２０１９年、２２７頁。

＊9　佐藤伝蔵編『中学本邦地理教科書』六盟館、１９０１年、26－27頁（前掲書２２７頁より引用）。

＊10　文化人類学では「人種」も、民族と同様に科学的な区分ではなく、西洋人が歴史的に作り出した区分であると考えています。しかし、これも私たちのあたりまえを切り崩す重要な点ですが、紙幅の余裕がないので、詳しく知りたい人は、竹沢泰子「『人種』とヒトの多様性」『「人種」「民族」をどう教えるか』（明石書店、２０２０年）を読んでみ

ましょう。

＊11　林行夫『ラオ人社会の宗教と文化変容——東北タイの地域・宗教社会誌』京都大学学術出版会、２０００年、39–40頁。

＊12　１９９２年の台湾の世論調査では、自分を台湾人だと考えている人は17・６％だったのに対し、２０２３年の世論調査では62・８％に上昇したという報告もあります。家永真幸『台湾のアイデンティティ——「中国」との相克の戦後史』文春新書、２０２３年。

＊13　ただし、言語学者のなかでも、琉球諸語を日本語の方言とみなすか、独立した言語とみなすかについて決着はついていません。

第9話

人間と文化

「あたりまえを切り崩す」とはどういうことか？

とつぜんですが、あなたはイヌを食べたことがありますか？

「え、ワンちゃん!?」と思って、今自分が飼っているイヌを思い浮かべた人はきっといるでしょう。イヌを飼っていなくても、近所のかわいいチワワちゃんや凜々しい柴犬を思い浮かべた人もいるかもしれません。「あんなかわいいワンちゃんは食べ物ではない！」と多くの人は思うでしょう。

しかし、世界中のすべての人びとが、「イヌは食べ物ではない」と考えるでしょうか。この広い世界にはイヌ肉を食べる人たちがいます。それは決して奇異なことではありません。人間は、イヌだって、サルだって、ネコだって、さまざまな種類の生き物を食べてきました。最近は昆虫食が話題になっていますが、昆虫も重要なタンパク源として食べられてきました。

かくいう私もイヌ肉を食べたことがあります。

私のフィールドであるラオスの農村で、ある日、村の人たちが集まって庭で鍋をしているので覗いてみました。すると、「ほれ、食べてみろよ」と、グツグツ煮えた鍋から、村人が何やら骨付きの肉のスープをすくってくれました。「これは何の肉？」と聞くと、彼は「ファーン・バーン」だと言いました。

ラオ語で「ファーン」は鹿、「バーン」は村なので、村の鹿という意味です。どういうことだろうかと思って、同行していたラオ人の友人の顔を見ると、「イヌだよ」と笑いをこらえながら言うのです。

ラオスの農村では、一部の人たちのあいだでイヌを食べる習慣があります。ただし、あからさまにイヌを食べているとは言わずに、「村の鹿」といった隠語を使っています。おそらくイヌ肉を食べることが、周囲から冷たい目で見られていることを知っているからでしょう。

それはさておき、これが私の人生初のイヌ肉を食べた瞬間でした。味はどうかって？

骨ばかりで肉そのものは少ししかついておらず、香草がたっぷり入っていて、味そのものの記憶はほとんどありません。

1　文化人類学を通して思い込みと偏見に気づく

これは、私たちの常識を問い直すのに格好のエピソードです。「イヌは食べ物ではない」と言われれば、現代の日本に暮らす私たちからすると「それはあたりまえだ」としか言いようがありません。しかし、私たちがあたりまえだと思っていることの多くは、じつはあたりまえではないのかもしれません。そういったことに気づかせてくれるのが、文化人類学という学問です。文化人類学は、自分たちが抱くあたりまえを切り崩し、私たちのものの見方を広げてくれるのです。

人間誰しも生まれてから自然と身につけてきたものの見方や考え方は、ありえた可能性のうちのひとつでしかないのに、それがすべてだと思い込んでしまいます。こうした思い込みは、ときに「偏見」を生み出します。人は偏見をもっているからこそ、自分にとってなじみのない考え方や習慣に出会ったときに嫌悪感を抱いたり、不快感を抱いたりします。ときにはそれが差別や排除につながったりもします。

もちろん、人間はすべての思い込みから自由になることはできないでしょう。しかし、自分たちが「それは常識だ」とすら気づいていないような事柄について、いったん立ち止まって考えてみることで、自分の視野を広げていくことはできるはずです。これは寛容な社会をつくっていくうえで欠かせない営みです。そこで本章では、あたりまえを切り崩す方法としての文化人類学という学問が、どのようなものなのかを紹介します。

2　ざっくりいうと文化人類学って、どんな学問？

文化人類学は約150年前に欧米で生まれた学問です。この150年のあいだに文化人類学のあり方は大きく変わってきました。しかし、それでも文化人類学がどういう学問かをひとことでいうならば次のようにいえるでしょう。

文化人類学とは、人間の社会的存在としての特性について内在的・個別的・具体的に探究することで、人間がもつ文化の多様性を明らかにしつつ、人間としての共通性は何かを探究する学問である。[*1]

何やら抽象的な言葉が並んでいて、すっと頭に入ってこないかもしれません。でも、心配はいりません。この先を読んでいけば、本章を読み終わったときには、この呪文のような言葉の意味が分かるはずです。

人類学は、英語ではアンソロポロジー（Anthropology）といいます。これは、「アンソロポス」と「ロゴス」という2つの単語の合成語です。アンソロポスとはギリシア語で「人間」を意味します。ロゴスは言語や論理という意味もありますが、「学問」という意味もあります。したがって、語源をたどると人類学とは「人間についての学」、すなわち人間についての研究となるわけです。

人類学はいわゆる理系と文系にまたがる学問です。生物種としてのヒトを自然科学の観点から研究する自然人類学（形質人類学）と、人類の文化を人文社会科学の観点から研究する文化人類学に分かれます。前者は人類がどのように進化したのかといった起源や変遷について骨や遺伝子を用いて探究するのに対し、後者はこのような進化の観点を否定し、世界中の人間集団の文化的な多様性を等しく尊重しながら人間の特質を探究しています。

文化人類学は考古学や社会学、地理学、哲学などの隣接分野と密接に関係しながら、とりわけ20世紀に入ってイギリスやフランス、アメリカにおいて発展してきました。イギリスでは社会人類学、フランスでは民族学、アメリカでは文化人類学と異なる名称で呼ばれてきましたが、日本では文化人類学という名称が一般に流通しています。本書ではこれら3か国で展開してきた分野を総称して「文化人類学」あるいは単に「人類学」と表記しています。

なお、「文化人類学は社会学と似ていてどこが違うのか分からない」という意見をよくもらいます。確かに文化人類学と社会学は、どちらも私たちの常識を問い直すことを掲げていたり、家族や宗教といった研究領域の重なりがみられたりします。しかし、これまでよくいわれてきた違いは、社会学は私たちの社会——いわゆる近代化した社会——を、文化人類学は「未開」の社会——つまり近代化していない社会——を対象にしてきたというものです。

とはいえ、この「近代／未開」という区分は現代のグローバル化する社会では不明瞭なものになっています。これまで人類学が対象としてきた社会にも、貨幣経済の波が押し寄せ、科学技術が浸透したり、学校教育が普及したりして、見かけ上、私たちの社会とあまり変わらなくなってきました。また、文化人類学者のなかにもヨーロッパやアメリカ、あるいは都市社会を対象とする人たちも増えてきました。こういった状況を考えると、文化人類学と社会学の違いはあいまいになってきています。

ただ、それでもやはりどこか対象に向き合う態度が、社会学者と異なると思えるところが多々あります。あくまで一般的な傾向ですが、文化人類学者は自分たちとは異なる生き方をしている人たちの生活のなかに入り込み、異なる文化を理解しようとしつつ、同時に人間としての共通性に目を向けようとしたりします。

こういった傾向をもつ理由は、〝文化人類学が探究する大きな問い〟と、〝その問いに迫るための方法〟が、一見似たような対象を扱っているように見える社会学とは異なるからです。[*2] 次に、この大きな問いと方法について見ていきましょう。

3　文化人類学を動かす大きな問い

それぞれの学問分野には、必ず分野ごとに独自の問いがあります。経済学であれば「人間の経済行動の一般的法則の発見」、心理学であれば「人間の心理の特徴の解明」だったりします。では、文化人類学は何を探究しようとしているのでしょうか。

第一に、文化人類学は「人間の文化がどれほど多様なのか」を問います。たとえば、この章の冒頭に記したようにイヌ肉を食べる人たちもいれば、発酵させた大豆を「納豆」と呼んで食べる人たちもいます。イヌ肉を食べる人を見て「うわっ」と思う人もいれば、強烈な臭いでネバネバ糸を引いた大豆を食べている姿を見て「うわっ」と思う人たちもいます。それほど人間の食べるものは多様であり、そこに食文化の多様性を見いだすことができます。

食文化だけではありません。これまで見てきたように、この広い世界には血縁を重視しない家族関係があったり、何か不幸があったときの原因を妖術の仕業だと解釈したり、一度埋葬した死体をしばらくして掘り起こして2度目の葬式を行うのが正しい死者との向き合い方だと考えたりする社会があります。このように世界にはじつに多様な文化があります。人類学が目指すのは、このような多様な文化に関心をもち、その文化を生きる人たちの考え方を理解していくことなのです。

しかし、文化人類学は文化の多様性を理解していくことだけを追求しているのではありません。**第二に、文化人類学は多様性をふまえたうえで見いだせる「人間としての共通性」について探究します。**血縁を重視しない家族があったとしても、家族と呼べるような関係性は人間の社会に普遍的にみられるのかどうか、あるいは葬式の仕方がさまざまあるけれども、こうした儀礼のなかにある程度共通するプロセスはあるのか、といった問いを探究してきました。

　とりわけ重要なのは、いったん私たちの常識を取り払ったうえで、人間としての共通性を探究していくところにあります。これまで話してきた通り、人間が組織をつくるときに優先する原理には場と資格の２つがあるとか、呪術と科学に共通する人間の思考の型があるとか、意外なところに共通性を見いだしていくところが人類学の魅力だといえます。こうして見ていくと、人間社会には多様性はあるけれども、お互いが分かり合えないほど分断されているわけではなく、どこかに共通性を見いだせる可能性があるということが分かってきます。

　第三に、文化人類学は「文化的な多様性がどのように変化していくのか」を探究します。本章の冒頭で犬食文化について言及しました。現代の日本ではイヌ肉を食べる習慣はありませんが、以前は違いました。少なくとも弥生時代の人びとはイヌを食用にしていたようです。伊勢津藩の藩主である藤堂高虎が１６０８年に出した「二十一カ条の法度《はっと》」には、「犬食の禁止」が含まれていることから、当時の人もイヌを食べていたことが分かります。今では廃れていますが、これはさまざまな政治的・経済的な影響により、文化が変化してきたことを示しています。

　言語も文化のひとつですが、現代の私たちは専門的な教育を受けない限り、平安時代や江戸時代に書かれた日本語の文章を読んでも直感的に理解できません。日本語に限らず、あらゆる言語は時間をかけて少しずつ変化していきます。言語ばかりでなく、さまざまな文化が時間をかけて変化していきます。文化人類学は、文化の変化がいかなる背景のなかで生じるのかを明らかにしていく研究をしています。

ここに挙げた3つの問いは、あくまで文化人類学の探究についての一般的な方向性ですので、すべての研究の問いがこの3つに収れんするわけではありません。とはいえ個別の研究テーマはそれぞれですが、文化人類学が向かっていく大きな方向性が、**文化の多様性・共通性・変化の探究**であるといっても差し支えないでしょう。

4　フィールドワークとはよく聞く言葉だけれど……

文化人類学のフィールドワークの特徴については第0話で話した通りです。その特徴は、いわゆる調査という域を超えて、研究対象とする人たちと一緒に生活することにあります。そして、生活するなかで経験した日々の出来事をノートに記録し、彼らの暗黙のルールを発見していきます。

このような方法のモデルとされているのが、第3話で紹介したポーランド生まれの人類学者であるブロニスワフ・マリノフスキーのフィールドワークです。

左ページの写真を見てください。この写真は人類学者が行うフィールドワークの特質を象徴的に表しています。この写真の中心にいるのがマリノフスキーです。彼はニューギニア島という世界で2番目に大きな島の東側にあるトロブリアンド諸島で、現地の言葉を覚えて、合計2年にわ

壺をもつ人たちとともに座るマリノフスキー
（ロンドン・スクール・オブ・エコノミクス図書館所蔵）

たるフィールドワークを実施しました。

フィールドワークの要はともに生活すること

みなさんはフィールドワークというと、相手と向き合って話を聞くといったインタビューをイメージするかもしれません。確かに、文化人類学者もそういったインタビューをすることもあるのですが、大事なのは第0話でも少し言及した「参与観察」という方法です。この写真に写っているマリノフスキーは、現地の人びとがもっているものと同じものをもち、彼らと一緒に並んで座り、彼らが見ているものと同じものを見ています。マリノフスキーがどこか彼らの仲間になっているかのように見えますよね。

もちろん、文化人類学者は一時的な滞在者に過ぎないので、いくら流ちょうに彼らの言語を操っていたとしても、完全に彼らの生活に同化することはできません。しかし、現地の人たちの生活に入り込みながら（参与）、彼らの生活を間近で見る（観察）ことはできます。人類学者は、この生活の流れのなかで疑問に思ったことを現地の人たちに聞いてみて、彼らの生活のなかにみられる暗黙のルールを発見していくのです。

文化人類学のフィールドワークは、あらかじめ質問項目を用意して知りたいことを「聞き取る」というよりも、言葉や慣習の違う人びとのもとで「生活する」ということに重点を置いています。

このような方法を通してしか理解できないのが、人びとが無意識のうちに習慣化している文化です。現地の人が普段意識していないものを聞き取ることはできません。しかし、異邦人が現地の人びとのなかに入り込み、日々人びとの行動や発言を細かく記録することはできます。自分のやったことに対する相手の反応から、彼らがやっていることについての彼ら自身の説明の仕方まで、あらゆることをメモするのです。そうすることで、文化人類学者は彼らがあまり自覚していない行動パターンや意味づけ――暗黙のルール――を浮き彫りにしていくのです。

マリノフスキーが記した「クラ」と呼ばれる交換体系（第3話参照）の背後には、暗黙のルールがあります。暗黙のルールですから、このクラをなぜ続けるのか、なぜ時計回りや反時計回りに回っているのか、現地の人びとは明確な理由を答えることができません。しかし、どういうわけか永々とこの慣習が続いているのです。

それは「どうして贈り物をもらったらお返しをするのか」と聞かれても、「そうしないと変な感じがする」「そうしないと失礼でしょ」と答える以外にないのと同じことです。つまり、彼らにとってクラ交換をするのはあたりまえのことだからです。

しかし、それがどのように行われているのかを観察し、ときには話を聞いて記述していくことはできます。文化人類学が目指すのは、人びとの暗黙のルールの詳細で具体的な記述です。

イヌ鍋とフェアトレードの意外な関係

人びとの生活のなかに巻き込まれることを通して文化の諸相を理解していくというマリノフスキー流のフィールドワークは、現代においても重視されています。私もラオスでの経験から、やはり長期の生活のなかからしか見えてこない暗黙のルールがあることを実感しました。

第0話のなかで、私はフェアトレードがコーヒー生産者の生活にどういった影響を及ぼしているのかを知りたくてフィールドワークをしたという話をしました。じつはこのフェアトレードの現地社会への影響と、本章の冒頭で紹介したイヌ鍋は関係があるのです。こうした意外な関係は現地で生活していなければ決して見えてきません。

イヌ鍋の話は、私がフィールドワークを始めてから半年くらい経った頃の経験にもとづいています。外部の人には分からない隠語を使うくらいですから、数日間、現地にお邪魔しただけでは経験しえないことです。現地の村人たちが「あいつは仲間だ」と思ってくれなければ、イヌ鍋をしている人たちのなかには入っていけなかったでしょう。

こういう経験を繰り返していくことで、村のなかにある人間関係の層が見えてきます。現地で暮らしはじめた頃は、村落の人間関係はみな一様にしか見えません。しかし、次第に誰と誰が仲良しで、誰と誰が疎遠なのかという人間関係の濃淡が把握できるようになります。

これだけだと日本の村社会を含めて、きっとどこにでもある話です。しかし、あるとき気づいたのは、村に降りてきた開発援助の恩恵が、こうした人間関係の濃淡に引きずられて、村全体にはいきわたらないということです。

村の実権を握っているのは誰なのか。その人と仲良しなのは誰なのか、逆にその人を嫌っているのは誰なのか。村でとれたコーヒーをフェアトレードで買い取る支援活動を展開する際に、外部の支援者は村全体が調和のとれたコミュニティにしか見えません。しかも、当の村人も「うちの村は皆が親戚同士なんだ」といって仲の良さを支援者にアピールします。しかし、実態は違うのです。

イヌ鍋の話は、それ自体、あたりまえを切り崩す出来事でした。しかし、重要なのは、こうした経験の積み重ねから、村のなかの暗黙のルール――誰と誰が仲間で、誰と誰がそうでないのか――に気づくということです。この気づきが、外部の支援者の想定――あたりまえ――を覆すことにつながります。そして、私の研究上の関心であったフェアトレードの現地社会への影響という主題にどこかでつながっていくのです。

さらにいえば、こうした仲間づくりのあり方が、私たちのものとどう違うのか、そしてどこが共通しているのかという問いに展開させていくことも可能です（これは第1話の「集団と親族」というテーマにつながります）。

ここまでの話で、文化人類学のフィールドワークは、なんと時間のかかるものなのかと思ったかもしれません。あるいは、偶然の気づきを待つなんて、なんと悠長なことをいっているんだと驚いたかもしれません。

この話を「調査」という切り口から聞いてしまうと、非効率極まりない調査です。しかし、人類学のフィールドワークの目的を、研究成果を得るための調査に限定してしまうことに疑問を投げかけるべきでしょう。

確かに研究目的があってフィールドワークに赴くのですから、調査の側面はあります。しかし、人類学者は調査からははみ出してしまうような何事かを大事にしています。それは第0話で説明したような「人生を2回生きる」といった楽しさや、自分自身が何か別の存在に変わっていく体験に身を投じる期待感かもしれません。その答えは人類学者によって異なります。いずれにせよ、長い人生において、そういう期間が少しくらいあってもよいでしょう。

安易なフィールドワークがもたらす偏見

文化人類学者が行っているのは、ここで説明したような本格的なフィールドワークですが、現代に生きる私たちは、かつてよりも比較的簡単にフィールドワークができるようになりました。

中学校や高校では探究学習のなかでフィールドワークが奨励され、大学でも座学では物足りないと感じる学生たちが積極的にフィールドワークに出ています。また、現在ではマーケティングやデザインの手法として人類学的なフィールドワークを取り入れることが増えてきています。すでにフィールドワークは万人に開かれた営みだといってよいでしょう。

こうした多方面に広がるフィールドワークは、必ずしも海外の異文化を対象とするものとは限りません。とはいえ、国内であろうとどこでも、人びとの生活のなかに入り込むような人類学的なフィールドワークを試みるのであれば、とりわけそれなりの心得を身につけておく必要があります。

本来、人類学的なフィールドワークをするのであれば、長い時間をかけて相手との信頼関係を築くことが前提となります。先述の通り、海外であれば相手の話す言語を習得することが重要です。しかし、現在広がりつつあるフィールドワークは、学校のカリキュラムに位置づけられていたり、予算や納期の問題があったりして、時間的な制約があります。こうした制約があるなかでは、現地の人たちとの信頼関係の構築には限界があります。

そのような状況でフィールドワークをする場合、**自分が見聞きした情報があくまで断片的なものであることをよく自覚しておくべき**でしょう。「現地に行けば分かる」といったことがよくいわれます。しかし、私としては、行けばいいというものではないと言いたくなってしまいます。

現地に行っても、１か月程度の滞在では、自分が見たいものしか見ないで帰ってくることになります。さらに悩ましいのは、このような形で帰ってきた当の本人が、見たいものしか見ていないことに気づいていない場合が多いということです。

たとえば、いわゆる発展途上国であるラオスは、毎年、学生ボランティアが数多く訪れています。むろん学生たちが積極的に異文化に触れる機会をもつことは望ましいことです。彼らは現地の村びとや大学生と交流して、それなりに現地の生活になじんでいます。

こうした経験を経て、彼らがラオスの人びとに対してもつ印象は、「物はないけれど、精神的には豊かだ」とか「発展から取り残されているけれども、のんびりしていてよい」といったものです。このような印象は、「経済発展から取り残されていて、貧しい人たち」という渡航前の固定観念を確かに覆しているようにも見えます。**しかし、それでもまだこれらの印象は、経済発展の程度という軸にしたがったままであることに気づいているのでしょうか。**

右の印象は、「経済発展＝物が多い・忙しい」という固定観念を前提に、その真逆の状態について語っています。つまり、「物質⟷精神」「忙しい⟷のんびり」という二項対立を前提にして、後者を評価するという感想です。

経済発展すれば、心が貧しくなり、ゆとりがなくなるという印象は多くの人に共有されています。すると、ラオスの場合、経済発展していないのだから、私たちの社会のこのような特徴の真逆がみられるはずです。じっさいそういった側面はラオスにいるととても目に入りやすく、この暗黙の評価軸を確認できるわけです。

右の印象は、学生たちが普段どのように物事を見ているのかという暗黙の前提を浮き彫りにします。

現地で感じた印象は、ごく個人的なものであって、誰かの真似をしているわけでも、誰かに影響を受けているわけでもないと、当の本人は思うでしょう。しかし、多くの学生たちは表現こそ異なるけれども、この軸にしたがって印象を述べます。このような語りは紋切り型の感想です。もちろん、それが悪いわけではありません。しかし、私はこのような感想に触れると、せっかく現地に行ったのに、もったいないと思ってしまいます。本書では、このような紋切り型の感想で終わらないようにするための別の複数の観点・テーマを取り上げてみました。

親族や家族、贈与、汚穢、儀礼、宗教、呪術、民族など、文化人類学者がどのような観点から現地社会を理解してきたのかを知ることで、さまざまな観点から異文化・他者——それは海外に限りません——を見る自身の目を疑うことができるでしょう。こういった観点を知っていることで、他者の世界をより深く理解することができるようになります。

もうひとつ、ここで注意してもらいたいのは、人類学者が公表する民族誌は、あくまでその人類学者が、フィールドワークをした時点で見聞きした範囲の情報を誤解のない程度に一般化したものです。しかし、じっさいには現地の社会はつねに変化にさらされています。

したがって、本書で紹介してきたさまざまな事例のなかには、現在ではすでに変化しているものもあるでしょう。しかし、だからといってその記述が無意味かというとそうではありません。

歴史学者が紹介する過去の事実――たとえば、イエ制度や土着のカミへの信仰など――が今日では消滅してしまっても、その事実は現代の私たちの生き方をとらえ直すきっかけを与えてくれます。これと同じで、かつてどこかの世界にみられた現象が、現在は消滅してしまったとしても、そこから現代に生きる私たちが学べるものはきっとあります。

つまり、私たちは、人類学者がフィールドワークを通して得た事実を学び取るというよりも、その事実の描写を通して得られた洞察を学ぶべきなのです。

5 「あたりまえを切り崩すこと」から切り拓かれる地平

ここまでの説明で文化人類学のフィールドワークが、①研究対象となる人びとの言語の習得、②比較的長期間の現地滞在、③現地の人たちとの共同生活、④信頼関係の構築を大事にしていることが分かったでしょう。そして、その人たちの生活のなかに見いだせる特定の事象に関わる行動パターンや意味づけを丹念に記述していくといった探究を行っていることも理解できたはずです。このような探究を通して、文化人類学者は内在的・個別的・具体的に文化の多様性を明らかにしていくのです。

ただこの探究の営みを行ううえで、極めて大事な点について、私はこれまで触れてきませんでした。それは、文化人類学者はこの探究の過程を通して、自分たちの身につけてきたものの見方

図 22：自分たちのあたりまえを切り崩す過程

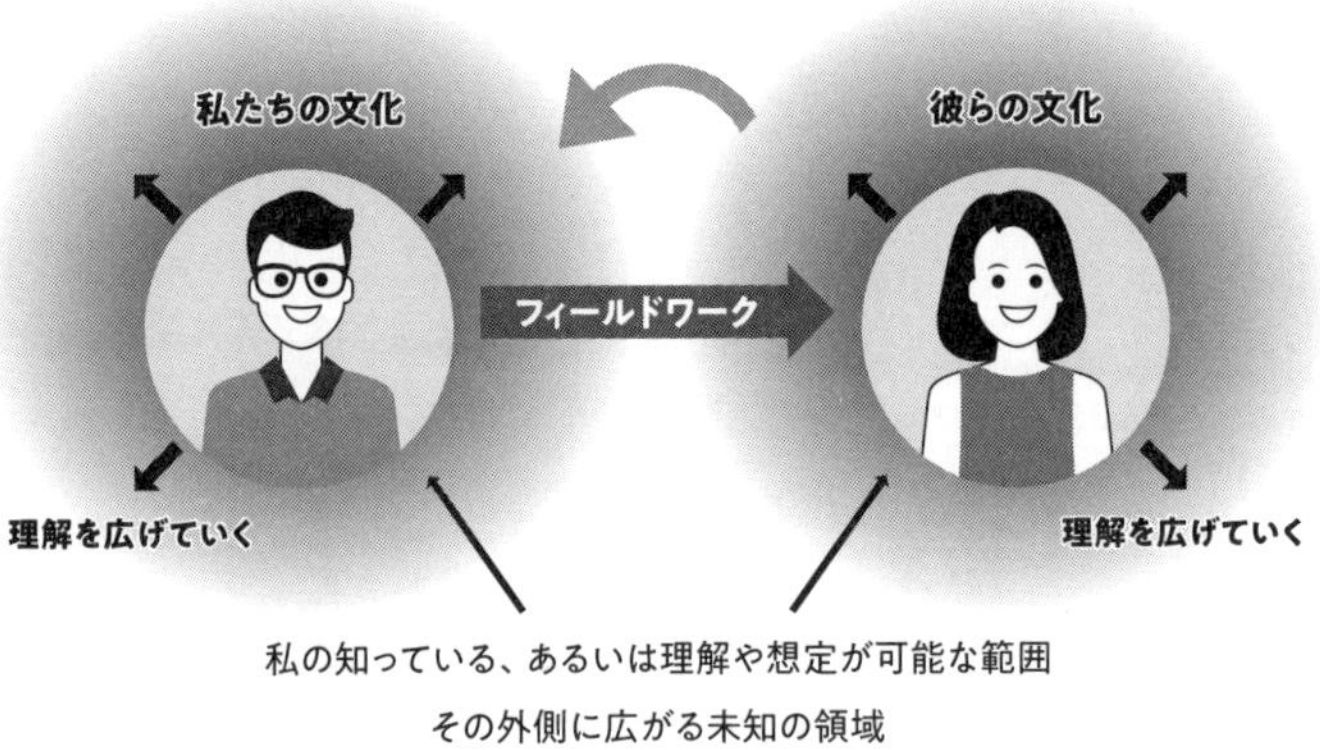

が自分たちの生まれ育った社会のなかでつくられてきたことに気づき、それに対する反省を促すことに心血を注いできたということです。

考えてみればあたりまえですが、人類学者が研究対象とする人びとに暗黙のルールとしての文化があるのと同時に、研究する人類学者にも生まれ育ったなかで身についた暗黙のルールとしての文化があります。したがって、人類学者がやっていることは、異文化に身を置くことを通して、研究対象の人びとの文化を見いだすのと同時に、自分たちがしたがってきた暗黙の前提に気づくことだといえます。**つまり、他者を理解しようとしつつ、自らが身につけてきた文化を問い直すということです。**

人類学者のジョージ・マーカスとマイケル・フィッシャーは、「異文化についての現実と自文化の現実の両者についての知識を得るために両者を衝突させてみる」試みを「文化批判の人類学」と呼びました[*3]。

したがって、文化人類学では、たとえば家族や儀礼、宗教、呪術といったさまざまな領域の多様性を明らかにしていくときに、そのテーマを探究する人類学者自身が見聞きした状況を無視して、「〇〇族の家族の形態はこうだ、△△族の家族の形態はこうだ」と並べて単純に比較していく方法をとらないのです。それらを探究していくうちに、左に記すように、そもそも家族とは何か、呪術とは何かといったことが分からなくなるという地点にまでたどり着くことがあります。

私たちが想定する家族とはあまりに異なる家族の形がみられたときに、それを家族と呼んでいいのか。そもそも家族ってなんだろうか。

呪術という非合理的に見える慣習は私たちの科学的思考の対極にあるのではなく、もしかしたら両者には類似する思考法があるのではないか。科学とは、そして呪術とは……。

文化人類学の探究は、どのようにそれらの気づきが得られたのかという思考の過程をも記述していくことになります。その形でしか知りえないのが、文化人類学における「文化」なのです。

近年、「文化」という概念が西洋社会では「自然」の対立概念として措定されていたという暗黙の前提に気づいた人類学者が、西洋社会特有のこの二項対立を崩していこうとする議論を展開

しています。この二項対立は西洋の人びとの思考を規定する根源的なものであるという意味で「存在論」と呼ばれています。

この議論も、自分たちのあたりまえを切り崩す文化人類学に備わった性質によるものです。これと同じことは、宗教や呪術、儀礼といった本書が取り上げる概念でもいえるのです。

あたりまえを「疑う」のではなく「切り崩す」

最近、あたりまえを「疑う」ことの重要性について、よく耳にします。これは本書の主張とほとんど同じように思えるかもしれません。しかし、私は本書のタイトルを、「疑う」ではなく、「切り崩す」としました。これには理由があります。

私たちはあたりまえを疑おうと思えば、どのような対象でも疑うことができてしまいます。地球は丸いといわれているけれど本当か、光より速いスピードはないと考えられているけれど本当か、学校に行かなければいけないのはどうしてか、働かなければいけないのはどうしてか。あたりまえはいくらでも疑い続けることができます。

しかし、私が本書を通して伝えたいのは、あたりまえを疑おうということではありません。そうではなく、あたりまえが切り崩されてしまう体験を大事にしようということです。ここでいう「切り崩す」主体は「私」や「あなた」ではありません。私やあなたが自分で意図してあたりまえを切り崩していこうと呼びかけているわけではありません。

「切り崩す」主体となるのは文化人類学という学問やフィールドワークという手法です。つまり、文化人類学やフィールドワークが、あたりまえを切り崩すのです。私やあなたは、そのなかに巻き込まれて、切り崩されてしまう受け身の存在だといえます。

文化人類学という学問が、その目的を達成していく過程で、人びとが抱くあたりまえを切り崩してしまう。これが重要なポイントだと思っています。

少なくとも私は文化人類学者になる過程で、意図してあたりまえを切り崩そうとしたことはありません。もしそのようなことをしても、きっとうまくいかないし、おもしろくもないでしょう。これまでの説明から分かる通り、自分の身につけている暗黙の前提に気づくというのは、意図してできることではないからです。

自分のあたりまえが崩れるのは、フィールドの人たちのことを真摯に知ろうとする過程、そして文化人類学の先人たちの成果を学ぶ過程における、ふとした瞬間です。

言い方を変えるならば、フィールドで現地の人間関係に巻き込まれるなかで、そして書物を通して先人たちの成果と対話するなかで、あるとき自分がこれまで気づいていなかった何かを発見するのです。これは、あたりまえを疑うのとは異なる営みです。

思考の自由を獲得するために

本書の各章で検討してきたのは、これまで考えたこともないような、一見、非常に素朴で日常にありふれた次のような問いでした。

私たちはどうして「よそ者」に冷たいのか？
家族にとって血のつながりは大切か？
贈り物をもらったら、どうしてお返しをするのか？
私たちはなぜ唾液を汚いと感じるのか？
就職活動がつらいのはなぜなのか？
日本人は本当に無宗教だといえるのか？
なぜ不運なことが起きたとき「努力が足りなかった」と思うのか？
「日本人」とは誰を指すのか？

これらの問いは、みなさんの生き方に無関係であるとは言い切れません。生きるうえで重要なことは、こうした些細な問いのなかから見いだせるといえます。
文化人類学は、人はどう生きるかについて何らかの答えを与える学問でも、人びとの生き方についてひとつの指針を与える学問でもありません。しかし、本書ではごく素朴な問いについて、人類学者が考えてきたことを手掛かりに検討してみることで、自分たちの暗黙の前提を問い直してきました。

この作業を通して、私たちは自由にものを考えているつもりでも、いかに暗黙の前提にとらわれているのかということが浮き彫りになったでしょう。この暗黙の前提に気づき、問い直すことがなければ、本当の意味での思考の自由は得られないのだと思います。すなわち、思考の自由は、自分のなじみの世界とは異なる世界に入り込み、自ら身体感覚をその世界のなかに没入させ、感覚を異化していくという経験を通して達成されるのです。

こうした問い直しの過程を経て、私たちはものの見方を豊かにし、思考の自由を獲得することができるでしょう。

＊1　この定義は、「大学教育の分野別質保証のための教育課程編成上の参照基準　文化人類学分野」に記されている文化人類学の定義をもとに、私なりに修正したものです。

https://www.scj.go.jp/ja/info/kohyo/pdf/kohyo-22-h140930-6.pdf（2024年9月26日閲覧）

＊2　とはいえ、文化人類学の参与観察の手法を取り入れた都市社会学のシカゴ学派の研究は、文化人類学の研究と重なり合います。今日の日本でも「〇〇のエスノグラフィー」と題して出版されている社会学のモノグラフは数多くありますが、これらと本章でいう文化人類学との親和性は高いでしょう。

＊3　マーカス、ジョージ・E／マイケル・M・J・フィッシャー『文化批判としての人類学――人間科学における実験的試み』永渕康之訳、紀伊國屋書店、1989年、14頁。

おわりに

本書を執筆していた２０２４年の夏は、連日猛暑日が続き、温暖化対策がまったなしの状況にあることを実感させられました。本書の校正をしている10月でさえ、まだ暑さが残る日々が続いています。

気候変動は洪水や干ばつといったさまざまな自然災害を世界各地で引き起こし、私たちの食料の確保さえ難しくなりつつあります。気候変動だけではありません。ウクライナやガザで起きる悲劇はいつまで続くのかといきどおるばかりです。このような状態がさらに悪化すると、人類そのものの行く末に不安が募ります。

この危機的な状況を受けて、私たちの生き方が根本から問い直されている今、「人類」を対象としてきた文化人類学への関心が高まっています。

現代の危機について空理空論をかざすよりも、まず地球上の多様な環境のなかで生きている人びとの生き様から何事かを学ぼうという漠然とした欲望が、私たちの内側から湧き起こっているからなのかもしれません。

本書は、私の前任校である東洋大学社会学部で開講していた講義の内容をもとにしています。

ですから、実際に学生に話してみて、その反応を見たうえで難易度を調整して、講義の内容を修正してきました。講義のほうは盛況で、初年度の履修生は約300人だったのですが、半期ごとに50人くらいずつ増えて、最大で550人になりました。

別に「楽単」だったわけではありません。それなりの数の「落単者」はいたはずです。しかし、それでも履修してみたいという人が多かったのは、ひとえに文化人類学という学問の魅力なのでしょう。

本書は、この講義のライブ感を活かしながら、文章として読むに堪えるものに仕上げていきました。大学受験の参考書に「実況中継シリーズ」というものがあります。大手予備校の有名講師の授業をそのまま文章化したものです。かつて大学受験生だった頃、同シリーズには私もお世話になりました。本書は、そのエッセンスを取り入れて、講義を聞いている感じが残るようにしてみました。

本書の方針は、この東洋大学における講義のときの方針を踏襲しています。

すでに本書を通読した方はお分かりの通り、各章の冒頭では身近な話題を取り入れ、その後、人類学の基本的な概念と、それに関連する著名な民族誌の内容を紹介し、最後にふたたび私たちの生きる社会の話題に戻ってくる流れにしています。この方針には、じつはお手本があります。

それは浜本満・浜本まり子編『人類学のコモンセンス』(学術図書出版社)です。私の研究仲間と話していても、これは「名著だね」という同意が得られます。同書は、文化人類学の基礎用語や学説史の紹介という入門書にありがちなスタイルから一線を画すことを目指しています。

同書がめざすのは、人類学者がある程度、共通してもっている「ものの見方」の紹介です。人類学にとって核となるのは、家族や親族、宗教や呪術といった各テーマにどのようにアプローチしていくかという問いの立て方やものの見方にあります。ただ、1994年刊行のため、少し古さを感じずにはいられません。そこで、本書は『人類学のコモンセンス』の精神を引き継ぎ、時代に合う内容にしました（ただし、同書の価値は今でも古びていないので、ぜひ読んでみてください）。

もっとも、「人類学の思考法」「人類学のものの見方」を解説する入門書は、近年、数多く出版されています。本書はその流れのなかに位置づけられるわけですが、本書なりの特色を打ち出しています。それは、著名な人類学者がかつて行った議論にできるだけ寄り添いながら、彼らの問いの立て方やものの見方を学ぶことにあります。

本書は、最近の人類学の潮流であるマルチスピーシーズや存在論といった話はほとんど出てきません。本書には近年注目されるティム・インゴルドやアルトゥーロ・エスコバル、マリリン・ストラザーンはおろか、私がよく読むデヴィッド・グレーバーやアナ・ツィンといった人類学者さえ登場しません。むろん近年の学問的潮流を軽視したいわけではありません。しかし、私はあえて取り上げませんでした。

というのも、これらの潮流について言及している一般向けの人類学の書籍やウェブサイトは多々あるからです。一方、こうした近年の人類学ブームのなかで置き去られてしまったのは、かつての人類学が何をやってきたのかということです。

約150年の文化人類学の学問的蓄積には、今日でも示唆的で含蓄のある知見が数多くあります。そういった知見を取り払ってしまっては、文化人類学の土台がなんだったのかが分からなくなってしまいます。

とはいえ、古い人類学をことさら称揚することを意図しているわけではありません。むしろ、本書の射程は現代であり、私たちの日常です。本書では、かつての人類学の議論は、今を生きる私たちにとっても意義深いものであることを示そうとしました。そう思ってもらえるかどうかは、読者のみなさん次第です。

本書では、文化人類学の講義で必ず出てくる家族や親族、宗教や呪術といった基本的なテーマを取り上げました。しかし、まだ取り上げていないテーマは無数にあります。今日では人種や言語、政治、法、観光、ジェンダー、自然、移動など、文化人類学のテーマは無数に広がっています。もし機会があるなら、続編に挑戦してみたいと思っています。

本書の執筆の過程では、数多くの方のお世話になりました。これまでも多くの仕事を一緒にしてきた二文字屋脩さん（愛知淑徳大学）には、原稿の一部に目を通していただきました。毎回、鋭いコメントをもらい、助けられています。

また、中国の宗族については、同僚で、中国古代史が専門の柿沼陽平さん（早稲田大学）に文献を紹介していただきました。

そして、早稲田大学大学院文学研究科文化人類学コースの大学院生の方々――越田侃志さん、梶田学志さん、佐藤美紬さん――には草稿全体を通読していただき、気になった点について数々のコメントを寄せてもらいました。

右の方々の助言があったことによって、確実に読みやすい内容になりました。深く感謝いたします。とはいえ、本書の内容に関する責任は、すべて私が負っていることも申し添えておきます。

そして、家族の協力なしに、本書は完成に至りませんでした。入稿前の2週間、同業者である連れ合いも原稿の締め切りがあるなかで時間をやりくりして、私の執筆時間を確保してくれました（さらに、校正の段階では全文に目を通してもらい、大いに助けられました）。さすがに連れ合いだけでは育児と家事が回らなかったために、熊本から義母を呼び寄せ、やんちゃな2人の子どもの世話をしてもらいました。きっと疲労困憊だったと思います。ありがとうございました。

最後に、大和書房の若林沙希さんにも、感謝いたします。なかなか仕上がらない原稿を辛抱強く待ってくださっただけでなく、章立てや小見出しについて的確な提案をしていただきました。私が当初提案した章立てを、読者目線の流れに見事に修正していただき、「編集者の仕事かくあるべし」と感心いたしました。

本書は、「未来のわたしにタネをまこう」シリーズの一冊として刊行されます。本書は、みなさんにとって小さなタネでしかないかもしれません。しかし、そのタネは、みなさんが他者とともに生きる経験を積むことで、水のように心にしみ込んでいき、いずれ大きな花を咲かせるでしょう。人類学のものの見方は、自身の経験と照らし合わせることで意義深いものになるのです。

本書は「文化人類学ってなんだろう」という素朴な疑問をもった高校生から大学生、そして「社会人」の方々まで幅広い層の人たちに読んでもらいたいと願い執筆しました。本書がきっかけとなり、文化人類学の「沼」にはまる人が、もっと増えてくれるとうれしいです。

ブックガイド

文化人類学をもっと学びたいと思った人は、本書で取り上げている人類学者が著した書籍を読んでみることをおすすめします。とはいえ、背景知識がないと読みにくいと感じてしまうかもしれません。そこで、初学者でも読みやすい文化人類学の書籍をいくつか紹介します。

私たちの日常を問い直す

磯野真穂『コロナ禍と出会い直す――不要不急の人類学ノート』（２０２４）

柏書房

私たちの生活に大きな影響を与えたコロナ禍は、今日、すでに過去のものになったかのようです。そのなかで著者は医療人類学の視点から、コロナ禍の私たちを振り返ります。著者はコロナ禍の日本社会の特徴を「和をもって極端となす」と描写しています。私たちはどうして極端な方向に向かってしまうのか。そして、命を大切にするとはどういうことなのか。同書はこういった問いを私たちに投げかけてくれます。

同じ著者による『**他者と生きる――リスク・病い・死をめぐる人類学**』（２０２２年、集英社新書）もおすすめです。

松村圭一郎『うしろめたさの人類学』（2017）ミシマ社

私たちは、「ふつう」ではない人を「他者」としてくくり普段見て見ぬふりをして生きています。この「ふつう」に揺さぶりをかける試みが、著者のいう「構築人類学」です。エチオピアの人びとと20年関わってきた著者がたどり着いたのは、日常の窮屈さや息苦しさを構築人類学の視点から問い直すことでした。著者は経済や感情、関係といった切り口から私たちが当然だと思い込んでいる市場交換・贈与・再分配の境界線を引き直す道を考えます。同じ著者による『**くらしのアナキズム**』（2021年、ミシマ社）や『**旋回する人類学**』（2023年、講談社）もおすすめです。

☞アフリカの商人に学ぶ

小川さやか『チョンキンマンションのボスは知っている——アングラ経済の人類学』（2019）春秋社

現在は飲食店やケータイ販売店、雑貨店、安宿がひしめく香港のチョンキンマンション。

著者はここを拠点にするタンザニア人商人による、助け合いと金儲けが入り混じったダイナミックな商取引の特徴を明らかにします。香港でタンザニア人が商売？　同書を読み進めるうちに、読者はこの異次元すぎる状況が成立するしくみをクリアに理解できるようになります。同じ著者による**『「その日暮らし」の人類学――もう一つの資本主義経済』**（２０１６年、光文社新書）もおすすめです。

熱帯の森の民に学ぶ

奥野克巳『ありがとうもごめんなさいもいらない森の民と暮らして人類学者が考えたこと』（２０１８）亜紀書房

東南アジアのボルネオ島に住む狩猟採集民プナンのもとで長年フィールドワークをしてきた著者が、彼らの生活の奥深くに分け入ることで見えてきたことは何か。同書では、森の民プナンとともに生活してきた著者でなければ書けないことが、縦横無尽に展開されています。著者が描くプナンの日常を読むと、私たちのあたりまえが次々と崩れていきます。人間が生きることにおいて根源的に大切なものとは何かを考えさせてくれる良書です。

同書が気に入った方は、同じ著者による**『モノも石も死者も生きている世界の民から人類学者が教わったこと』**（２０２０年、亜紀書房）や**『一億年の森の思考法――人類学を真剣**

に受け取る』（2022年、教育評論社）も読んでみるとよいでしょう。

西アフリカの結婚式に学ぶ

鈴木裕之『恋する文化人類学者――結婚が異文化をつなぐとき』（2024）

角川ソフィア文庫

研究対象とする人びととともに生活することが求められる文化人類学者ですが、なかには現地の人と恋に落ち、結婚する研究者もいます。西アフリカのストリート音楽を研究する著者は、フィールドワーク中に歌手・ダンサーの女性と恋に落ち、現地で8日間にわたる伝統的な結婚式をあげます。その過程をつぶさに記録した同書を通して、私たちは異文化に適応していくことの難しさとおもしろさを同時に味わうことができます。人類学のフィールドワークの生々しい部分を伝える同書を読むことで、「えっ、そんなことをするの⁉」という新鮮な驚きが得られます。本書で取り上げた親族や家族、通過儀礼というテーマについて、さらに詳しく知りたい人には特におすすめです。

人類学を体系的に学ぶ

ジョイ・ヘンドリー『〈増補新版〉社会人類学入門――多文化共生のために』

桑山敬己・堀口佐知子訳（2017）法政大学出版局

イギリスの人類学者が著した人類学の入門書です。著者は日本で長年フィールドワークをしてきた方なので、日本の事例も豊富です。400ページ近くあるにもかかわらず、理論と事例のバランスがよく、とても読みやすいのが特徴です。本書で扱った汚穢・贈答・儀礼・呪術・家族といったテーマをより深く学びたい人にとっておすすめです。

新しい人類学の姿を学ぶ

ティム・インゴルド『人類学とは何か』奥野克巳・宮崎幸子訳（2020）亜紀書房

文化人類学は、じつは今大きく姿を変えつつあります。これまでは異文化のなかでフィールドワークをして民族誌を書き上げることが、人類学者の仕事だと考えられてきました。しかし、著者はそうではなく、他者とともに生きることについて思索するのが人類学の本質だと主張します。それは学問という領域を超えて、アートや建築に近づいていきます。「知識」よりも「知恵」、「存在」よりも「生成」を重視する著者独自の思想に、これまで人類学との接点のなかった多くの人々が注目しています。

トロブリアンド諸島③
ペンテコスト島⑤

本書に登場するおもな地名と民族(集団)名

※登場する章の番号を丸数字で示しています。

※各民族の住む地域は、今日、世界各地に広がっているため、ここに示しているのは、あくまで大まかなものです。

箕曲 在弘（みのお・ありひろ）
早稲田大学文学学術院教授。1977年東京都生まれ。専門は文化人類学、東南アジア地域研究。ラオスのコーヒー産地を主なフィールドに、環境・開発・経済に関する研究を進める。2002年早稲田大学第一文学部卒業、2013年同大学院文学研究科博士後期課程修了。博士（文学）。東洋大学社会学部准教授などを経て、2022年より現職。第12回アジア太平洋記念賞（井植記念賞）、第42回澁澤賞などを受賞。著書に『フェアトレードの人類学』（めこん）、共編著に『人類学者たちのフィールド教育』（ナカニシヤ出版）、『東南アジアで学ぶ文化人類学』（昭和堂）がある。

自分《じぶん》のあたりまえを切《き》り崩《くず》す
文化人類学入門《ぶんかじんるいがくにゅうもん》

2024年12月31日　第1刷発行
2025年 8 月25日　第7刷発行

著　　者　箕曲《みのお》 在弘《ありひろ》
発 行 者　大和 哲
発 行 所　大和《だいわ》書房
　　　　　東京都文京区関口 1-33-4

ブックデザイン　佐藤亜沙美（サトウサンカイ）
カバーイラスト　ONOCO
図　　版　isshiki（小波津 静香）
校　　正　鷗来堂
編　　集　若林沙希
本文印刷　信毎書籍印刷
カバー印刷　歩プロセス
製 本 所　小泉製本

ISBN978-4-479-39442-6

https://www.daiwashobo.co.jp

早稲田の地に社屋を構える大和書房と早稲田大学の研究者がタッグを組み、未来に実を結ぶ「学びのタネ」をまくべく執筆された書籍シリーズです。